乡村生产生活热点解答系列

农民专业合作社

你问我答

NONGMIN ZHUANYE HEZUOSHE
NIWEN WODA

李瑞芬　主编

中国科学技术出版社
·北　京·

图书在版编目（CIP）数据

农民专业合作社你问我答 / 李瑞芬主编 .—北京：中国科学技术出版社，2018.3

ISBN 978-7-5046-7885-0

Ⅰ. ①农… Ⅱ. ① 李… Ⅲ. ①农业合作社–专业合作社–基本知识–中国 Ⅳ. ① F321.42

中国版本图书馆 CIP 数据核字（2018）第 001625 号

策划编辑	张　金
责任编辑	乌日娜
装帧设计	中文天地
责任校对	焦　宁
责任印制	徐　飞

出　　版	中国科学技术出版社
发　　行	中国科学技术出版社发行部
地　　址	北京市海淀区中关村南大街16号
邮　　编	100081
发行电话	010–62173865
传　　真	010–62173081
网　　址	http://www.cspbooks.com.cn

开　　本	889mm × 1194mm　1/32
字　　数	140千字
印　　张	6
版　　次	2018年3月第1版
印　　次	2018年3月第1次印刷
印　　刷	北京长宁印刷有限公司
书　　号	ISBN 978-7-5046-7885-0 / F · 858
定　　价	25.00元

乡村生产生活热点解答系列

编委会

本书编委会

主　编

李瑞芬

编著者（按姓氏笔画排）

王　彩　郭瑞玮　崔　倩

目录 | Contents

农民专业合作社的成立、合并、分立、清算和解散

(一)农民专业合作社的成立

Q1 什么是农民专业合作社?

农民专业合作社是指在农村家庭承包经营基础上，农产品的生产经营者或者同类农业生产经营服务的提供者、利用者，自愿联合、民主管理的互助性经济组织。

①农民成立专业合作社，不改变和动摇家庭承包经营的基本农村生产经营制度，所以，农民办专业合作社并不是要重新归大堆儿，是以服务其成员为宗旨，谋求全体成员的共同利益，对成员不以营利为目的，但对外仍以利益最大化为目标。

②农民专业合作社是以农产品或者农业生产技术服务为纽带组织起来的组织。

注意

农民专业合作社为扩大生产经营和服务的范围、规模，提高市场竞争力，可以依法自愿设立或者加入农民专业合作社联合社。

③农民专业合作社的成员以农民为主体，农民成员不得少于成员总数的80%。

④农民专业合作社是自愿联合、民主管理的自治性经济组织。

解读

《中华人民共和国农民专业合作社法》（以下简称《农民专业合作社法》）第三条规定，农民专业合作社遵循入社自愿、退社自由的原则。其内部管理完全依照法律、法规和本合作社章程实行民主管理、民主监督。

⑤农民专业合作社以服务成员为宗旨，谋求全体成员的共同利益。为其成员提供生产资料的购买，农产品的销售、加工、运输、储藏以及有关的技术、信息等服务。

注意

国家保护农民专业合作社及其成员的合法权益，任何单位和个人不得侵犯。县级以上各级人民政府应当建立农民专业合作社工作的综合协调机制，统筹指导、协调、推动农民专业合作社的建设和发展。各级农业行政主管部门、其他有关部门和组织依据各自职责，对农民专业合作社的建设和发展给予指导、扶持和服务。

⑥农民专业合作社是具有法人资格、承担有限责任的非营利性经济组织。

解读

《农民专业合作社法》第四条规定，农民专业合作社依照本法登记，取得法人资格；农民专业合作社对由成员出资、公积金、国家财政直接补助、他人捐赠以及合法取得的其他资产所形成的财产，享有占有、使用、收益和处分的权利，并以上述财产对债务承担责任。

Q2 申请设立农民专业合作社应遵从的原则有哪些？

①组成成员以农民为主体。

解读

《农民专业合作社法》第十九条规定，农民专业合作社的成员中，农民至少应当占成员总数的80%。成员总数20人以下的，可以有1个企业、事业单位或者社会组织成员；成员总数超过20人的，企业、事业单位和社会组织成员不得超过成员总数的5%。

②以服务成员为宗旨，谋求全体成员的共同利益。

③入社自愿、退社自由。

④成员地位平等，实行民主管理。

⑤盈余主要按照成员与农民专业合作社的交易量（额）比例返还。

Q3 具备什么条件才能设立农民专业合作社？

设立农民专业合作社应该具备以下5个条件。

①有5名以上符合《农民专业合作社法》第十八条、第十九条规定的成员。

解读

《农民专业合作社法》第十八条规定，具有完全民事行为能力的公民，以及从事与农民专业合作社业务直接有关的生产经营活动的企业、事业单位或者社会组织，能够利用农民专业合作社提供的服务，承认并遵守农民专业合作社章程，履行章程规定的入社手续的，可以成为农民专业合作社的成员。但是，具有管理公共事务职能的单位不得加入农民专业合作社。并且，农民专业合作社应当制备成员名册，并报登记机关。境外机构、个人在境内投资的企业或者设立的分支机构加入农民专业合作社应当遵守法律、法规等国家有关规定。

《农民专业合作社法》第十九条规定，农民专业合作社的成员中，农民至少应当占成员总数的80%。成员总数20人以下的，可以有1个企业、事业单位或者社会组织成员；成员总数超过20人的，企业、事业单位和社会组织成员不得超过成员总数的5%。

②有符合《农民专业合作社法》规定的章程。

③有符合《农民专业合作社法》规定的组织机构。

④有符合法律、行政法规规定的名称和章程确定的住所。

⑤有符合章程规定的成员出资。

注意

农民专业合作社成员可以用货币出资，也可以用实物、知识产权、土地经营权、林权等可以用货币估价并可以依法转让的非货币财产向农民专业合作社作价出资；但是，法律、行政法规规定不得作为出资的财产除外。

农民专业合作社成员不得以对该社或者其他成员的债权，充抵出资；不得以缴纳的出资，抵销对该社或者其他成员的债务。

Q4 农民专业合作社的设立流程是什么？

农民专业合作社的设立流程：

发起筹备→申报批准→制定章程→召开成立大会→组建核心工作机构→办理登记

（1）发起筹备

①成立筹备委员会　筹委会主要由发起人和有关工作人员组成，具体负责筹备和制定工作方案，发起人一般由 5 ~ 7 人组成。其中工作方案包括为什么筹建该合作社，由谁牵头发起，会员入会条件及合作社筹备程序等。

②拟定社名，确立业务范围　由发起人会商拟定合作社名称，确定业务区域、业务内容、经营方式，并说明发起成立的缘由，预计会员人数及筹集的资金总额等。

③准备发起申请书　将上述发起人讨论研究确定的内容填入合作社发起申请表，并同时准备好申请报告。申请报告内容主要包括本社宗旨、业务范围、经营效益、内设机构和下属组织等。

（2）申报批准　农民专业合作社发起人向主管部门递交申请，主管部门接到合作社发起人报送的组建申请书后，应认真审查，包括发起人是否有组织能力、该合作社业务数量是否达到组建规模、预期效益如何等。合作社基本符合条件后，主管部门即可下达同意组建批复。

（3）制定章程　申请人接到主管部门准予组建的批复公文后，应即时召开筹委会，吸纳会员，参照《农民专业合作社示范章程》拟定章程及业务计划草案。

（4）召开成立大会 在上述各项筹备工作任务完成后，即可呈请当地合作社主管部门派人出席指导。同时合作社发起人应当于合作社成立7日前，通知会员参加大会。

（5）组建核心工作机构 农民专业合作社组建的核心工作机构包括社员（代表）大会、理事会和监事会。

①社员（代表）大会 是合作社的最高权力机构。人数少的农民专业合作社由全体成员组成社员大会；成员在150人以上的农民专业合作社，设置社员代表大会，通过成立大会选举产生社员代表，候选人获得参会社员过半票数即可当选，否则按得票多者当选。社员代表人数一般为成员总人数的10%。

②理事会 理事会是农民专业合作社的执行机构，在社员（代表）大会产生以后，筹备小组要制定理事会成员选举方案，提出理事、理事长候选人名单，召开社员（代表）大会并通过民主选举产生理事会成员。理事会负责农民专业合作社的日常工作，在同其他经济组织发生业务交往中，代表合作社开展工作，有权签署经济及有关合作契约，对农民专业合作社社员（代表）大会负责。理事会一般由单数成员组成。理事会设理事长1人，副理事长若干人，由理事会选举产生。

③监事会 监事会是在农民专业合作社中代表全体成员监督检查理事会和工作人员工作的监察机构。在社员（代表）大会产生以后，筹备小组要制定理事会和监事会成员选举方案，提出监事、监事长候选人名单，召开社员（代表）大会并通过民主选举产生监事会成员。监事会也由单数监事组成，任期若干年，可连选连任。监事会设执行监事1人，由全体监事半数以上同意选举产生，任期若干年，可连选连任。执行监事可列席理事会会议。

理事长或者理事会可以按照成员大会的决定聘任经理和财务会计人员，理事长或者理事可以兼任经理。经理按照章程规定或者理事会的决定，可以聘任其他人员。但是，理事长、理事、经理和财务会计人员不得兼任监事。

（6）办理登记 县（区）工商行政管理部门是农民专业合作社登记机关。

Q5 关于农民专业合作社产权的规定有哪些?

（1）成员个人产权 成员个人产权是盈余分配权，是国家扶持资金和社会捐赠资金的收益权，是公积金的分割受益权。

（2）农民专业合作社的法人产权 法人产权是由出资入股加入合作社的农民所有。

Q6 合作社在哪些情况下会被吊销营业执照?

农民专业合作社连续 2 年未从事经营活动，或者连续 3 年未报送年度报告的，吊销其营业执照。

（二）农民专业合作社的发起方式

Q7 农民专业合作社的发起方式有哪些?

农民专业合作社的发起方式包括：政府牵头型、龙头企业带动型、集体经济组织带动型、能人带动型和事业单位带动型等。

Q8 什么是政府牵头型农民专业合作社？

政府牵头型农民专业合作社，是指政府在其所辖范围内先搭建起合作社的框架，而后再吸聚一批农民专业大户为理事，进而带动合作社的发展。

《农民专业合作社法》第十八条规定，具有管理公共事务职能的单位不得加入农民专业合作社。该规定似乎与政府牵头的合作社发展模式自相矛盾，但以我国目前的农村经济发展情况和农民专业合作社发展状况来看，倘若政府没有加以引导与支持，而是游离于合作社发展之外，合作社的发展将会受到很大阻碍。但要说明的是，这种模式缺乏客观规范的管理机制，倘若在以后的发展过程中再进一步规范整合，势必会使投入成本过高，因此，政府牵头型合作社发展模式不应大范围的推广使用。

Q9 什么是龙头企业带动型农民专业合作社？

龙头企业带动型农民专业合作社，是指合作社由企业来带动，这类企业往往是农产品加工企业和农产品营销企业。龙头企业带动型农民专业合作社是一种“公司＋合作社＋农户”的组织模式。

主要有以下 3 点优势：①企业与农户形成一种互补关系，双方互相影响，互为盈利。合作社通过与龙头企业签订供销协议，为社员建立稳定的销售渠道。②公司对市场的快速反应能力，能及时通过合作社影响到农民，并促使农民调整生产。③合作社可以多借鉴公司规范化的操作流程，以尽量减少不必要的机会成本。

案例

山东省诸城市烟草公司兴办的鑫兴烟叶生产专业合作社，就是一个典型的龙头企业带动型农民专业合作社。该合作社依托龙头企业，一方面，统一为成员提供育苗、销售、贷款等服务；另一方面，完善内部管理，实行庄园式管理，同时建立风险共担、利益共享、相互依存、共同发展的运行机制，入社烟农每亩（1 亩≈667 平方米）均增收近 300 元。在该专业合作社的带动下，全市烟农自发兴办了 53 个黄烟生产专业合作社，种植面积达到 10.8 万亩，得到农业部的肯定。

Q10 什么是集体经济组织带动型农民专业合作社？

在我国，集体经济组织是以社会主义公有制为基础，以土地为基本生产资料组建起来的经济组织。集体经济组织带动型农民专业合作社是一种“集体经济组织 + 合作社 + 农民”的组织模式。集体经济组织在我国已经有很好的群众基础，比如农产品供销社、农村社区经济组织等。

农村集体经济组织不同于先前的行政机关与企业法人，具有其自身独有的优势：①集体经济组织的管理人员主要是当地的农民，他们对当地的生产力水平与农户个体情况了解较多，便于组织农民加入合作社。②集体经济组织原先已经汇集了农民的一些生产工具，物质基础有保障。③该组织在我国已有较长的历史，农民相对容易接受要筹建的合作社。这些优势很容易使农民在短时间内接受合作社并积极加入，这不单是农民专业合作社发展的需要，也是农民的福音。

Q11 什么是能人带动型农民专业合作社？

能人带动型合作社，就是指由农民生产经营大户、农民种植专家等有较强经营生产能力的人牵头成立的农民专业合作社。

此类合作社具有如下优势：①这些能人对市场动态的关注度较高，能先于普通农民及时准确地把握市场信息并做出应对之策。②他们的文化程度较高、管理能力较强，能够适应合作社发展的需要。③他们的个人资产往往较多，不仅能满足合作社注册资金的要求，而且能够为合作社提供一个良好的声誉，以吸引更多农民的参与。

该模式适合在欠发达地区或交通不便的地区开展。

Q12 什么是事业单位带动型农民专业合作社？

依据《农民专业合作社法》的规定，事业单位有组建农民专业合作社的权利。这些事业单位主要是一些涉农单位，包括农技推广部门、农业科研院所等。

事业单位在农业发展过程中发挥了巨大作用，以其作为合作社的牵头人优势明显：①涉农事业单位长期与农村接触，了解农村、农业、农民的发展现状，加之他们自身有很多增产增收的新技术，由他们牵头筹建合作社，可以便捷快速地将那些新技术转变为现实生产力。②涉农事业单位往往有较多的固定资产，可为合作社的发展打下坚实基础。

Q13 如何选择农民专业合作社的发起方式？

农民专业合作社的5种发起模式各有千秋、各具特色，它们到底适应哪些地区，要针对各地不同的经济社会环境来做出选择。总体来讲，我国的中西部地区较为落后，农民素质较低，观念更新较慢，选择集体经济组织带动型的合作社较为适合；而东部地区经济较为发达，农民综合素质较高，能人带动型的合作社有广阔的发展前景。

（三）农民专业合作社设立大会

Q14 什么是设立大会？

设立大会是指在农民专业合作社设立之前，召开由全体设立人参加的大会，其中设立人是合作社设立时自愿成为该社成员的人。设立大会是《农民专业合作社法》对于设立农民专业合作社程序上的规定，即要求召开由全体设立人参加的设立大会，农民专业合作社才可能成立。

注意

设立大会与成员大会的区别：设立大会是农民专业合作社设立之前必须召开的法定大会；成员大会由全体成员组成，是本社的权力机构，每年至少召开一次。设立大会召开于农民专业合作社成立之前，成员大会则存在于农民专业合作社发展的整个过程中。没有依法有效的设立大会就不会有农民专业合作社的成立，也就不会有成员大会。

Q15 设立大会有哪些职权?

设立大会的职权主要包括以下 3 点。

①通过本合作社章程，章程应当由全体设立人一致通过。

②选举产生理事长、理事、执行监事或者监事会成员。

③审议其他重大事项。不同合作社在设立大会上讨论通过的事项有差异。

Q16 设立大会的议程包括什么内容?

设立大会的议程主要包括以下内容。

①主持人宣布本合作社加入成员名单、人数、代表人数，全体设立人到齐后，即宣布成立大会开始。

②筹委会负责人作合作社筹备工作报告。

③主管机关负责人宣布本合作社成立的批复。

④宣读章程草案，并请讨论后表决通过。

⑤提出理事会、监事会候选人名单，并进行选举。

⑥理事会、监事会分别召开第一次会议，推选常务理事、理事长和监事长。

⑦主持人宣布常务理事、理事长、监事长等人选名单。

⑧理事长、监事长讲话。

⑨党政领导和有关社会各界代表讲话。

⑩宣布成立大会结束。

Q17 设立大会纪要需填写什么内容？

设立大会需要填写合作社设立大会纪要，用于记录会议的基本情况，比如时间、地点、参加人等。

案例

永春汤城科鑫食用菌农民专业合作社设立大会纪要

根据《中华人民共和国农民专业合作社法》的有关规定，本专业合作社设立大会作出如下决议：

1. 全体设立人一致通过本社章程。

2. 选举尤修平为本社理事长。

3. 选举尤成本、尤元忠、尤世文、苏书良、尤锦明、尤长兴为本社理事。

4. 选举尤宇停为本社监事长。

5. 选举尤金盏、王挺江、尤天宝、尤德胜为本社监事。

6. 其他事项。

设立人签名（盖章）：

年　　月　　日

案例

任命书

根据本社设立大会决议，任命尤修平为本社理事长。任命尤成本、尤元忠为本社常务副理事长。任命尤世文、苏书良、尤锦明、尤长兴为本社理事。任命尤宇停为本社监事长。任命尤金盏、王挺江、尤天宝、尤德胜为本社监事。

设立人签名（盖章）：

年　　月　　日

（四）办理农民专业合作社登记手续

Q18 合作社办理登记的步骤有哪些？

农民专业合作社办理登记主要有以下步骤。

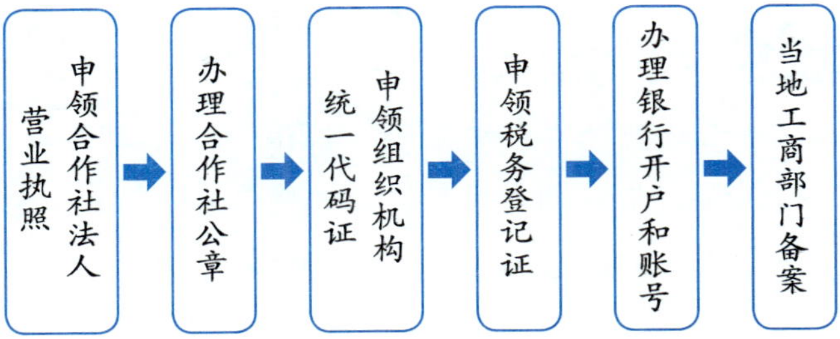

Q19 申领合作社法人营业执照所需材料有哪些？

根据《农民专业合作社法》第十五条规定，农民专业合作社的设立人申请设立登记的，应当向工商行政管理局提交下列文件：登记申请书；全体设立人签名、盖章的设立大会纪要；全体设立人签名、盖章的章程；法定代表人、理事的任职文件及身份证明；出资成员签名、盖章的出资清单；住所使用证明；法律、行政法规规定的其他文件。

此项办理不收任何费用。农民专业合作社名称为：行政区划＋字号或商号＋产业类别＋专业合作社。登记机关应当自受理登记申请之日起20日内办理完毕，向符合登记条件的申请者颁发营业执照，登记类型为农民专业合作社。

Q20 办理合作社公章时所需材料有哪些？

合作社依据《公安部印章管理办法》向公安局申请办理合作社公章。所需文件：合作社法人营业执照复印件；法人代表身份证复印件；经办人身份证复印件。

注意

目前农民专业合作社需要的公章有行政章、财务专用章、法人代表章共3枚。刻章费用根据材料的不同需要几十元到一百元不等。

Q21 合作社申领组织机构统一代码证所需材料有哪些？

《组织机构代码管理办法》规定，合作社自工商局批准成立或核准登记成立之日起30日内向质量技术监督局申领组织机构统一代码证。所需材料：合作社法人营业执照副本原件及复印件1份；合作社法人代表及经办人身份证原件及复印件1份；如受他人委托代办的，须持有委托单位出具的代办委托书面证明。

注意

办理证件所需的费用包括工本费、技术服务费、IC卡工本费。标准不等，一般150元左右。代码证有效期限为4年，到期需要换证；代码证实行年检制度，年审费一般25元/次。

Q22 合作社申领税务登记证所需材料有哪些？

《税务登记管理办法》规定，合作社应当自领取工商营业执照之日起30日内向地方税务局申报办理税务登记。所需材料：法人营业执照副本及复印件；组织机构统一代码证书副本及复印件；法定代表人（负责人）居民身份证或者其他证明身份的合法证件复印件；经营场所房屋产权证书复印件；成立章程或协议书复印件。

注意

税务登记工本费免费。合作社应当自领取工商营业执照之日起30日内申报办理税务登记，未按照规定期限申报办理者，可处2000元以下的罚款。税务登记证定期验证、换证和年检，1年验证1次，3年更换1次。

Q23 合作社办理银行开户和账号所需材料有哪些?

依据《银行账户管理办法》，农民专业合作社可以向任意一家商业银行、农村信用社办理银行开户和账号。所需材料：法人营业执照正、副本及其复印件；组织机构代码证书正、副本及其复印件；农民专业合作社法定代表人的身份证及其复印件；经办人员身份证明原件、相关授权文件；税务登记证正、副本及其复印件；合作社公章和财务专用章及其法人代表名章。

注意

免费办理，且在银行办理完账号、账户后，需要提交账户到国家税务局；每月到国税局报税。

Q24 合作社在当地工商部门备案时所需材料有哪些?

农民专业合作社在工商部门备案时需提供以下材料：法人营业执照复印件；组织机构代码证书复印件；税务登记证正、副本复印件。

Q25 合作社法定变更登记事项有哪些?

合作社法定变更登记的事项有以下 5 种：经成员大会法定人数表决修改章程的；成员出资情况发生变更的；法定代表人、理事发生变动的；合作社住所发生变动的；法律法规规定的其他变更情况。

除这些情况以外，合作社也可以根据自身发展的需要对相关登记事项进行变更。由于需登记的变更事项往往对合作社的影响重大，并直接影响交易活动的正常开展，所以，如果合作社没能根据相关规定及时进行变更事项的登记，则需承担由此产生的法律后果。同时《农民专业合作社法》还规定，登记机关应当在自受理登记申请之日起 20 日内办理完毕所有登记事项，包括设立登记、变更登记和注销登记。

（五）农民专业合作社的组织机构

Q26 合作社的机构设置有哪些?

农民专业合作社的机构设置由决策机构、执行机构、监督机构组成。

（1）决策机构 全体成员大会或成员代表大会是合作社的决策机构（最高权力机构）。社员（代表）大会由全社社员（代表）组成。社员代表由社员选举产生，代表任期 3 ~ 5 年，可连选连任。

（2）执行机构 理事会是合作社的执行机构，即运营机构。在业务机构的设置上，可以因社而异采取直线制、直线职能制或事业部制的组织结构。

①直线制 就是将众多成员进行分层管理，根据地域等划分，设立分社或小组，形成“合作社—分社—小组”的管理结构，理事会将任务分配到分社，由分社组织开展生产和服务，分社再将相关任务分配到小组，由小组成员实施生产服务。适合社员人数较多、分布地域较广的合作社。

案例

山东省临沂市沂水县大雪枣产销合作社，是依托大唐枣业公司创立的，是一家集产业开发、技术研究和市场营销于一体的专业合作社，由于其社员人数较多（截至2011年底已发展成为拥有万余社员的大型合作社），覆盖地域遍布全县的特点，基本建立了直线制的组织运营机构。主要体现：合作社采取股份合作的方式积极发展合作分社，截至2011年底，在全县19个乡镇设立了19个合作分社，发展大枣基地2万余亩，带动全县2万户农民靠发展大枣产业走上了致富路。

②直线职能制 就是在直线制基础上，根据合作社的不同任务和服务内容，在理事会下设办公室、财务部、营销部、技术服务部、物资采购部等职能部门，将理事会部分职能授权于这些部门，各职能部门统一对理事会负责。是目前采用非常广泛的一种组织结构形式。

优点：既保证了理事会的集中统一指挥，又能够充分发挥各职能部门的作用。

案例

内蒙古克什克腾旗经棚镇永胜农牧专业合作社，于2007年2月组建，是一家成功注册、运作规范的融肉羊改良、繁育、生产、销售为一体的专业合作社。截至2011年8月，合作社发展社员户600多户，辐射带动1000多户农牧民发展肉羊短期育肥，年育肥羔羊40000只左右。该合作社基本建立了直线职能制的组织机构，主要体现：合作社理事会下设党支部、办公室、财务部、工青妇部等职能部门，各部门完成理事会授权的职能，承担相应的职责，统一对理事会负责。

③事业部制　是指以某个产品、地区或顾客为依据，将相关的研究开发、采购、生产、销售等部门结合成一个相对独立的单位的组织结构形式。它表现为，在合作社总负责人领导下设立多个部门或协会，各部门有各自独立的产品或市场，在经营管理上有很强的自主性，实行独立核算，是一种分权式管理结构。

优点：在同一产品部门内有关的职能活动协调比较容易，容易适应合作社的扩展与业务多元化要求。这种形式适合地域广、生产相对独立、产业链相对较长的合作社。

案例

山东省鱼台县姜庄生态谷物种植专业合作社基本上建立了一个事业部型的组织结构。主要体现：在合作社理事会的统一领导下，下设3个常设协会：养殖协会、妇女协会和老年协会，以及农资服务中心1个项目部。养殖协会又下设养猪协会和养兔协会两个项目性协会。妇女协会下设养鸭协会。每个协会就是一个事业部，各协会在合作社理事会的统一领导下，各行其职，以适应合作社功能的拓展和服务多元化，力求以合作社为整体推动姜庄经济、文化和社会的和谐发展，探索出有效的村庄治理道路。

（3）监督机构　监事会是合作社的监督机构，代表全体社员监督合作社的财务和业务执行情况。

Q27 社员代表大会的产生和人员配备要求是什么？

（1）社员代表大会的产生

①由村委会成员组成筹备小组，确定本社业务和入社条件，制定本社章程等。

②做好前期宣传动员工作，使合作社理念得到老百姓认同，办理社员入社手续，制定社员代表选举方案，提出社员代表候选人名单。

③召集合作社成立大会，要求所有社员参加，讨论表决章程，并选举社员代表，候选人获得参会社员过半票数即可当选，否则按得票多者当选。社员代表产生以后组成社员代表大会，代表全体社员行使权力。

（2）社员代表大会人员配备的具体要求

①成员数量。一般按社员总数一定比例确定人数，以 20 ~ 30 人为佳。

②身份构成。村委会干部占 25% ~ 30%，其他成员占 70% ~ 75%。

③任职要求。推选出资额比较高、政治觉悟高、创业精神较

强的社员担任。

Q28 理事会的产生和人员配备要求是什么？

（1）理事会的产生

①筹备小组制定理事会选举方案，提出理事、理事长候选人名单，召开第一次社员代表大会。

②召集全体社员代表大会进行投票，候选人获得参会过半票数即可当选。否则按得票多者当选。

③理事会成员召开第一次理事会会议，制定理事会工作制度。

（2）理事会人员配备的具体要求

①成员数量。一般为 3 人以上奇数，如 5 人、7 人，便于日后表决。

②身份构成。从社员代表中推选，村委会干部占 60% ~ 70%，其他成员占 30% ~ 40%。

③任职要求。推选有能力、懂业务、德才兼备的社员代表担任理事和理事长。

Q29 监事会的产生和人员配备要求是什么？

（1）监事会的产生

①筹备小组制定监事会选举方案，提出监事、监事长候选人名单，召开第一次社员代表大会。

②召集全体社员代表大会进行投票，候选人获得参会过半票数即可当选。否则按得票多者当选。

③监事会成员召开第一次监事会会议，制定监事会工作制度。

（2）监事会人员配备的具体要求

①成员数量。一般为 3 人以上奇数，如 5 人、7 人，便于日后表决。

②身份构成。从社员代表中推选，村委会干部占 1/3，其他成员占 2/3。

③任职要求。不得由理事和财务人员兼任，需懂财务，为人正直，能够维护集体利益。

（六）农民专业合作社的合并

Q30 为什么要合并农民专业合作社？

农民专业合作社合并，是指两个或者两个以上的农民专业合作社通过订立合并协议，合并为一个农民专业合作社的法律行为。

目前存在一些很现实的不利于合作社进一步发展的问题，如规模小、资金不足、技术落后等。为此，鼓励合作社加强联合与合作，以解决农民专业合作社规模化生产难、加工增值难和科技创新难等问题。

Q31 合作社合并后的债权债务应该如何处理？

《农民专业合作社法》第四十六条规定，农民专业合作社合并，应当自合并决议作出之日起 10 日内通知债权人。合并各方的债权、债务应当由合并后存续或者新设的组织承继。但合并前与债权人达成的债务协议另有约定的除外。

解读

农民专业合作社进行生产经营，不可避免地会对外产生债权债务。合作社合并后，至少有一个合作社丧失法人资格，而且存续或者新设的合作社也与以前的合作社不同，对于合作社合并前的债权债务，必须要有人承继。因此，合作社合并的法律后果之一就是债权、债务的承继，即合并后存续的合作社或者新设立的合作社，必须无条件地接受因合并而被消灭的合作社的对外债权与债务。

Q32 合作社合并的具体程序是什么？

（1）作出合并决议 依据《农民专业合作社法》的规定，合作社合并决议由合作社成员大会作出。农民专业合作社召开关于合作社合并的成员大会，出席人数应当达到成员总数2/3以上。成员大会形成合并的决议，应当由本社2/3以上成员表决同意才能通过。成员大会或者成员代表大会还要授权合作社的法定代表人签订合并协议。

（2）通知债权人 合作社应当自作出合并决议之日起10日内通知债权人。

（3）签订合并协议 合作社合并协议是两个或者两个以上的合作社，就有关合并的事项达成一致意见的书面表示形式，各方合作社签名、盖章后，即产生法律效力。

（4）合并登记 因合并而存续的合作社，保留法人资格，但应当办理变更登记；因合并而被吸收的合作社，应当办理注销登记，法人资格随之消灭；因合并而新设立的合作社，要先注销现存的合作社，并办理设立登记，取得法人资格。

案例

江苏苏州创农村经济新模式
——合并股份合作社成集团公司

我国首个农民集团——苏州湖桥集团于2010年11月23日正式成立。标志着苏南农村经济走出了一种新的模式，集体公司以合作社为基础，进行产业整合，农民组建各类股份合作社，再把合作社联合组建成为集团公司，成功走出突破农村合作社瓶颈的新路子。

苏州湖桥村位于太湖之滨，村域面积10.38平方公里。全村共有28个自然村、1178户、4475人。经过5年的发展，村里组建了物业股份合作社、社区股份合作社和生态农业股份合作社三大合作经济组织。这次又将这三大股份合作社合并，成立集团公司，生态农业股份合作社出资3000万元，物业股份合作社出资1600万元，社区股份合作社出资1000万元，公司总注册资本5600万元。集团下辖文化旅游、建筑、园林绿化、物流等五大子公司。

这个集团的基础是合作社，合作社对农民的增收有很多好处。例如，湖桥村村民李根男自己承包土地，每亩最多960元的收入；村里实行土地流转后，统一对外经营，现在每亩收入可以增加到1200元。

（七）农民专业合作社的分立

Q33 农民专业合作社为什么要分立？

农民专业合作社的分立，是指一个农民专业合作社分成两个或者两个以上的农民专业合作社的法律行为。

在农民专业合作社发展过程中，会因为种种原因产生分立合作社的需要。比如业务范围的扩大使得原来合作社的发展效率降低，将一些业务通过合作社分立的方式分离出去，可以使各个合作社集中精力办好自己的事情。又如随着业务的扩大，合作社经营的地理区域也不断扩大，在各地设立分社可以应对这一形势的变化。总之，农民专业合作社的分立是伴随着发展的实际需要而产生的。

Q34 合作社分立后的债权债务应该怎么处理？

《农民专业合作社法》第四十七条规定，农民专业合作社分立，其财产作相应的分割，并应当自分立决议作出之日起 10 日内通知债权人。分立前的债务由分立后的组织承担连带责任。但是，在分立前与债权人就债务清偿达成的书面协议另有约定的除外。

解读

农民专业合作社的分立一般会影响债权人的利益，《农民专业合作社法》规定，合作社分立前债务的承担有以下两种方式：一是按约定办理。债权人与分立的合作社就债务清偿问题达成书面协议的，按照协议办理。二是承担连带责任。合作社分立前未与债权人就清偿债务问题达成书面协议的，分立后的合作社承担连带责任。债权人可以向分立后的任何一方请求自己的债权，要求履行债务。被请求的一方不得以各种非法定的理由拒绝履行偿还义务。否则，债权人有权依照法定程序向人民法院起诉。

Q35 合作社分立的具体程序是什么？

（1）作出分立决议　依据《农民专业合作社法》的规定，合作社分立决议由合作社成员大会作出。农民专业合作社召开关于合作社分立的成员大会，出席人数应当达到成员总数 2/3 以上。成员大会形成分立的决议，应当由本社 2/3 以上成员表决同意才能通过。成员大会或者成员代表大会还要授权合作社的法定代表人签订分立协议。

（2）通知债权人　合作社应当自作出分立决议之日起 10 日内通知债权人。

（3）签订分立协议　合作社分立协议是合作社有关各方就有关分立的事项达成一致意见的书面表示形式，经分立各方合作社代表签名、盖章后，即产生法律效力。

（4）分立登记　因分立而存续的合作社，保留法人资格，但应当办理变更登记；因分立而被消灭的合作社，应当办理注销登记，法人资格随之消灭；因分立而新设立的合作社，要先注销现存的合作社，并办理设立登记，取得法人资格。

（八）农民专业合作社的解散

Q36 合作社解散的原因有哪些？

农民专业合作社解散，是指合作社因发生法律规定的解散事由而停止业务活动，最终使法人资格消灭的法律行为。

（1）章程规定的解散事由出现

解读

章程规定的解散事由包括：本社成员人数少于5人；成员大会决议解散；本社分立或者与其他农民专业合作社合并后需要解散；因不可抗力因素致使本社无法继续经营，不可抗力因素包括自然灾害（台风、地震、洪水等），政府行为（征收、征用），社会异常事件（罢工、骚乱）等；依法被吊销营业执照或者被撤销；成员共同议决的其他情形。

（2）成员大会决议解散

解读

成员大会是合作社的权力机构，根据《农民专业合作社法》的规定，它有权对合作社的解散事项作出决议。《农民专业合作社法》规定，农民专业合作社召开成员大会，作出解散的决议应当由本社成员表决权总数的2/3以上大会决议解散合作社，不受合作社章程规定的解散事由的约束，可以在合作社章程规定的解散事由出现前，根据成员的意愿决议解散合作社。

（3）因合并或者分立需要解散

解读

当合作社吸收合并时，吸收方存续，被吸收方解散；当合作社新设合并时，合并各方均解散。当合作社分立时，如果原合作社存续则不存在解散问题；如果原合作社分立后不再存在时，则原合作社应解散。合作社的合并、分立应由成员大会作出决议。

（4）依法被吊销营业执照或者被撤销

解读

依法被吊销营业执照是指依法剥夺被处罚合作社已经取得的营业执照，使其丧失合作社经营资格。被撤销是指由行政机关依法撤销农民专业合作社登记。如《农民专业合作社法》规定，农民专业合作社向登记机关提供虚假登记材料或者采取其他欺诈手段取得登记的由登记机关责令改正；情节严重的，撤销登记。《农民专业合作社法》规定的农民专业合作社虚假登记、提供虚假材料等欺诈行为有两种表现形式：一种是农民专业合作社向登记机关提供虚假登记材料或者采取其他欺诈手段取得登记的；另一种是农民专业合作社在依法向有关主管部门提供的财务报告等材料中，作虚假记载或者隐瞒重要事实的。前一种情况是为了向登记机关骗取登记，后一种情况是在向有关主管部门的报告中作虚假记载或者隐瞒重要事实。当合作社因违反法律、行政法规被吊销营业执照或者被撤销的，应当解散。

因第一项、第二项、第四项原因解散的，应当在解散事由出现之日起 15 日内由成员大会推举成员组成清算组，开始解散清算。逾期不能组成清算组的，成员、债权人可以向人民法院申请指定成员组成清算组进行清算，人民法院应当受理该申请，并及时指定成员组成清算组进行清算。

Q37 合作社解散的程序是什么？

（1）作出解散决议　依据《农民专业合作社法》的规定，合作社解散决议由合作社成员大会作出。农民专业合作社召开关于合作社解散的成员大会，出席人数应当达到成员总数 2/3 以上。成员大会形成解散的决议，应当由本社 2/3 以上成员表决同意才能通过。成员大会或者成员代表大会还要授权合作社的法定代表人签订解散决议。

（2）通知债权人　合作社应当自作出解散决议之日起 10 日内通知债权人。

（3）签订解散决议　合作社解散决议是合作社有关各方就有关解散的事项达成一致意见的书面表示形式，经法定代表人签名、盖章后，就产生法律效力。

（4）注销登记　因解散而终止的合作社，应当办理注销登记；办理注销登记需向工商部门提交注销登记申请书、解散决议以及清算报告等相关文件，经审核通过后，合作社才算正式解散。

Q38 合作社注销登记申请书有哪些内容？

农民专业合作社注销登记申请书主要包括名称、住所、申请注销登记原因等内容，具体见表1。

表1　农民专业合作社注销登记申请书

注册号：＿＿＿＿＿＿

名　称		
住　所		
申请注销登记原因	1. 章程规定的解散事由出现 □ 2. 成员大会决定解散 □ 3. 因合并或者分立需要解散 □ 4. 依法被吊销营业执照或者被撤销 □	
分支机构办理注销登记情况		
清算公告情况	公告报纸名称	
	公告日期	
本农民专业合作社依照《中华人民共和国农民专业合作社法》、《中华人民共和国农民专业合作社登记管理条例》申请注销登记，提交文件材料真实有效。谨对真实性承担责任 法定代表人 □　清算组负责人 □　签名： 年　月　日		

注：在选择的类型 □ 中打√。

Q39 合作社注销登记包括哪些内容？

农民专业合作社注销登记的内容见表2。

表2 农民专业合作社注销登记一览表

法定依据	1.《中华人民共和国农民专业合作社法》 2.《农民专业合作社登记管理条例》 3. 国家工商行政管理总局关于印发《关于农民专业合作社登记管理的若干意见》和《农民专业合作社登记文书格式规范》的通知（工商个字〔2007〕126号）
申请条件	1. 因合并、分立而解散的农民专业合作社，应当自作出解散决议之日起30日内，向原登记机关申请注销登记。 2. 因农民专业合作社经营范围有前置许可的，其许可证或其他批准文件被吊销或撤销的、许可证或其他批准文件有效期届满的，自许可证事由发生之日起30日内向原登记机关申请注销登记。 3. 农民专业合作社因章程规定的解散事由出现、成员大会决议解散或依法被吊销营业执照，应当自清算结束之日起30日内，向原登记机关申请注销登记
申报材料	1. 成立清算组的农民专业合作社申请注销登记应当提交： （1）农民专业合作社清算组负责人签署的《农民专业合作社注销登记申请书》（清算组负责人签名）； （2）清算组全体成员签署的《指定代表或者委托代理人的证明》（委托人签名或盖章）及指定代表或委托代理人身份证复印件（本人签字），应标明具体委托事项、被委托人的权限、委托期限； （3）成员大会或者成员代表大会依法作出的解散决议，或农民专业合作社依法被吊销营业执照或者被撤销的文件，或人民法院的破产裁定、解散裁判文书； （4）成员大会、成员代表大会或者人民法院确认的清算报告； （5）《农民专业合作社法人营业执照》正、副本； （6）清算组刊登公告的报纸或其复印件（依法免除公告义务的不提交）； （7）清算组成员和负责人产生的文件及名单； （8）有分支机构的农民专业合作社申请注销登记，还应当提交分支机构的注销登记证明

续表

申报材料	2. 因合并、分立而解散的农民专业合作社申请注销登记应当提交： （1）法定代表人签署的《农民专业合作社注销登记申请书》（法定代表人签名）； （2）法定代表人签署的《指定代表或者委托代理人的证明》（委托人签名或盖章）及指定代表或委托代理人身份证复印件（本人签字），应标明具体委托事项、被委托人的权限、委托期限； （3）成员大会或者成员代表大会依法作出的解散决议； （4）成员大会或者成员代表大会作出的债务清偿或者债务担保情况的说明； （5）《农民专业合作社法人营业执照》正、副本； （6）有分支机构的农民专业合作社申请注销登记，还应当提交分支机构的注销登记证明。 以上需农民专业合作社成员或清算组成员签署的，成员为自然人的由本人签名；自然人以外的设立人加盖公章
办理程序	1. 申请人持上述申报材料到当地政府工商局办理。 2. 农民专业合作社解散，依法应当清算的，清算组应当自成立之日起 10 天内将清算组成员、清算组负责人名单向登记机关备案。 3. 符合备案条件的，颁发《企业（公司）备案事项核准通知》，申请人发布《清算公告》。 4. 清算组应当自清算结束之日起 30 日内向原登记机关申请注销登记，对符合注销条件的，颁发注销核准通知书。 5. 申请人凭《受理通知书》、本人身份证原件领取注销核准通知书。 6. 申请人公告农民专业合作社终止
办理时限	法定时限：20 个工作日
审查重点	1. 申请人提交的文件、证件是否有效、齐全、符合法定形式。 2. 申请人提交的文件、证明应当是原件，不能提交原件的，其复制件应当由登记机关核对。 3. 设有分支机构的农民专业合作社，应当提交分支机构所在地企业登记机关核发的分支机构注销核准通知书。 4. 清算人申请注销登记的，应当提交人民法院指定其为清算人的证明
注意事项	1 是否属于本局登记管辖的范围。 2. 指定代表或者委托代理人的证明，应标明指定代表或者委托代理人的办理事项、权限、授权期限。 3. 未注明提交复印件的，应当提交原件；提交复印件的，应当注明“与原件一致”并由农民专业合作社签署，或者由委托的代理人加盖公章或签字

续表

注意事项	4. 收缴营业执照正、副本，农民专业合作社印章留取印模后当面销毁。 5. 提交的申请书与其他申请材料应当使用 A4 纸。 6. 申请材料审查后，应根据登记程序的要求，分别向申请人出具相应的法律文书
受理审核意见	1. 受理人员意见： 该农民专业合作社申请注销登记，提交申请材料齐全，符合法定形式，同意受理。建议准予注销登记。 2. 核准意见： 准予该农民专业合作社注销登记，核发注销核准通知书

（九）农民专业合作社的清算

Q40 合作社清算的法律依据是什么？

农民专业合作社清算，指农民专业合作社解散后，依照法定程序清理合作社债权债务，处理合作社剩余财产，使合作社注销的法律行为。

《中华人民共和国民法通则》（以下简称《民法通则》）第四十条规定，法人终止，应当依法进行清算，停止清算范围外的活动。清算的目的是保护合作社成员和债权人的利益，除合作社合并、分立两种情形外，合作社解散后都应当依法进行清算。

Q41 合作社的清算组如何产生？

因章程规定的解散事由出现、成员大会决议解散或者依法被吊销营业执照、被撤销等原因解散的，应当在解散事由出现之日起 15 日内由成员大会推举成员组成清算组，开始解散清算。逾期不能组成清算组的，成员、债权人可以向人民法律申请指定成员组成清算组进行清算，人民法院应当受理该申请，并及时指定成员组成清算组进行清算。

Q42 清算组的工作内容包含哪些？

《农民专业合作社法》第四十九条规定，清算组自成立之日起接管农民专业合作社，负责处理与清算有关未了结业务，清理财产和债权、债务，分配清偿债务后的剩余财产，代表农民专业合作社参与诉讼、仲裁或者其他法律程序，并在清算结束时办理注销登记。

《农民专业合作社法》第五十条规定，清算组应当自成立之日起 10 日内通知农民专业合作社成员和债权人，并于 60 日内在报纸上公告。债权人应当自接到通知之日起 30 日内，未接到通知的自公告之日起 45 日内，向清算组申报债权。如果在规定期间内全部成员、债权人均已收到通知，免除清算组的公告义务。

债权人申报债权，应当说明债权的有关事项，并提供证明材料。清算组应当对债权进行审查、登记。在申报债权期间，清算组不得对债权人进行清偿。

Q43 合作社进行清算时需要提交什么文件？

成立清算组的农民专业合作社应当自清算结束之日起 30 日内，由清算组全体成员指定的代表或者委托的代理人向原登记机关申请注销登记，并提交以下文件：清算组负责人签署的注销登记申请书；农民专业合作社依法作出的解散决议，农民专业合作社依法被吊销营业执照或者被撤销的文件，人民法院的破产裁定、解散裁判文书；成员大会、成员代表大会或者人民法院确认的清算报告；营业执照；清算组全体成员指定代表或者委托代理人的证明。

解读

因合并、分立而解散的农民专业合作社，应当自作出解散决议之日起 30 日内，向原登记机关申请注销登记，并提交法定代表人签署的注销登记申请书、成员大会或者成员代表大会作出的解散决议以及债务清偿或者债务担保情况的说明，营业执照和法定代表人指定代表或者委托代理人的证明。经登记机关注销登记，农民专业合作社终止。

Q44 合作社清算的程序是什么？

（1）成立清算组 合作社应当在解散事由出现之日起 15 日内由成员大会推举成员组成清算组，开始解散清算。逾期不能组成清算组的，成员、债权人可以向人民法院申请指定成员组成清算组进行清算，人民法院应当受理该申请，并及时指定成员组成清算组进行清算。

（2）通知、公告合作社成员和债权人 合作社在解散清算时，由清算组通知本社成员和债权人有关情况，通知、公告债权人在法定期间内申报自己的债权。为了顺利完成债权登记、债务清偿和财产分配，避免和减少纠纷，《农民专业合作社法》对清算组通知、公告合作社成员和债权人的期限和方式作了限定。

①清算组应当自成立之日起 10 日内通知本社成员和明确知道的债权人。

②对于不明确的债权人或者不知道具体地址和其他联系方式的，由于难以通知其申报债权，清算组应自成立之日起 60 日内在报纸上公告，催促债权人申报债权。

债权人申报债权时，应明确提出其债权内容、数额、债权成立的时间、地点、有无担保等事项，并提供相关证明材料，清算组对债权人提出的债权申报应当逐一查实，并作出准确翔实的登记。

（3）制定清算方案 清算方案是由清算组制定的如何清偿债务、如何分配合作社剩余财产的一整套计划。清算组在清理合作社财产、编制资产负债表和财产清单后，应尽快制定包括清偿农民专业合作社员工的工资及社会保险费用，清偿所欠税款和其他各项债务，以及分配剩余财产在内的清算方案。清算组制定出清算方案后，应报成员大会通过或者人民法院通过。

（4）实施清算方案 清算方案经农民专业合作社成员大会通过或者人民法院确认后实施。清算方案的实施必须在支付清算费用、清偿员工工资及社会保险费用、清偿所欠税款和其他各项债务后，再按财产分配的规定向成员分配剩余财产。如果发现合作社财产不足以清偿债务的，清算组应当停止清算工作，依法向人民法院申请破产。注意合作社破产时在清偿顺序上的特殊规定，根据法律规定，合作社破产时财产要按照以下顺序分配：破产费用；共益债务；清偿破产前与农民成员已经发生但是尚未结清的款项；抵押债权；合作社员工的工资和社会保险费用；所欠税款；一般债权。

（5）清算结束办理注销登记 这是清算组的最后一项工作，办理完合作社的注销登记，清算组的职权终止，清算组即行解散，不得再以合作社清算组的名义进行活动。

Q45 清算时的破产费用包括哪些？

破产费用是指法院受理破产申请后发生的费用，《中华人民共和国破产法》（以下简称《破产法》）第四十一条规定，破产费用包括诉讼费用，管理、变价和分配债务人财产的费用，管理人执行职务的费用、报酬和聘用工作人员的费用。

（1）破产案件的诉讼费用 包括破产申请费用；破产管理人为收回破产财产提起诉讼或进行其他法律程序所发生的费用，以及破产管理人以破产企业名义应诉而发生的诉讼费用等；破产案件在诉讼过程中产生的其他费用，如证据保全费、调查费、财产保全费、公告费、鉴定费、送达费、勘验费，以及人民法院认为其他应当支付的诉讼费用。

（2）管理、变价和分配债务人（破产人）财产费用 包括但不限于债务人财产的保管费用、保养与修缮费用、拍卖或变价变卖费用、变更权属费用、仓储费用、运输费用、保险费用、评估费用、公告及通知债权人受领财产的送达邮寄费用、提存预分配财产费用等。

（3）破产管理人执行职务的费用、报酬和聘用工作人员的费用 其中需要注意的是，破产管理人报酬的支付必须向人民法院提出书面申请并经过审查批准程序，以防出现自己给自己支付报酬的局面。

Q46 清算时产生的共益债务包括哪些？

共益债务是指人民法院受理破产申请后，为了全体债权人的共同利益以及破产程序顺利进行而发生的债务。

共益债务的内容如下。

①因管理人或者债务人请求对方当事人履行双方均未履行完毕的合同所产生的债务。

②债务人财产受无因管理所产生的债务。

③因债务人不当得利所产生的债务。

④为债务人继续营业而应支付的劳动报酬和社会保险费用以及由此产生的其他债务。

⑤管理人或者相关人员执行职务致人损害所产生的债务。

⑥债务人财产致人损害所产生的债务。

Q47《农民专业合作社法》对于清算还有什么其他的规定？

《农民专业合作社法》第五十一条规定，农民专业合作社因章程规定的解散事由出现，或者人民法院受理破产申请时，不能办理成员退社手续。农民专业合作社成员资格终止后的 6 个月内该社解散的，则视为该成员的资格没有终止。

《农民专业合作社法》第五十二条规定，清算组负责制定包括清偿农民专业合作社员工的工资及社会保险费用，清偿所欠税款和其他各项债务，以及分配剩余财产在内的清算方案，经成员大会通过或者申请人民法院确认后实施。清算组发现农民专业合作社的财产不足以清偿债务的，应当依法向人民法院申请破产。

《农民专业合作社法》第五十三条规定，农民专业合作社接受国家财政直接补助形成的财产，在解散、破产清算时，不得作为可分配剩余资产分配给成员，具体按照国务院财政部门有关规定执行。

《农民专业合作社法》第五十四条规定，清算组成员应当忠于职守，依法履行清算义务，因故意或者重大过失给农民专业合作社成员及债权人造成损失的，应当承担赔偿责任。

农民专业合作社破产适用企业破产法的有关规定。但是，破产财产在清偿破产费用和共益债务后，应当优先清偿破产前与农民成员已发生交易但尚未结清的款项。

（十）农民专业合作社联合社

Q48 什么是农民专业合作社联合社？

《农民专业合作社法》第五十六条规定，3 个以上的农民专业合作社可以设立农民专业合作社联合社。农民专业合作社联合社应当有自己的名称、组织机构和场所，以及由联合社全体成员制定并承认的章程。

《农民专业合作社法》第五十七条规定，农民专业合作社联合社依照本法登记，取得法人资格，领取营业执照，登记类型为农民专业合作社联合社。

农民专业合作社联合社以其全部财产对该社的债务承担责任；农民专业合作社联合社的成员以其出资为限对农民专业合作社联合社承担责任。

《农民专业合作社法》第五十九条规定，农民专业合作社联合社应当设立由全体成员参加的成员大会，其职权包括修改农民专业合作社联合社章程，选举和罢免农民专业合作社联合社理事长、理事和监事，决定农民专业合作社联合社的经营方案及盈余分配，决定对外投资和担保方案等重大事项。

农民专业合作社联合社不设成员代表大会，可以根据需要设立理事会、监事会或者执行监事。

Q49 联合社表决投票的规定是什么？

农民专业合作社联合社的成员大会选举和表决，一般实行一社一票。农民专业合作社联合社设置附加表决权，由农民专业合作社联合社章程规定。

Q50 关于联合社的其他规定有哪些？

（1）分配方法 《农民专业合作社法》第六十一条规定，农民专业合作社联合社可分配盈余的分配办法，由农民专业合作社联合社章程规定。

（2）成员退社时间 《农民专业合作社法》第六十二条规定，农民专业合作社联合社成员退社，应当在会计年度终了的6个月前以书面形式向理事会提出。退社成员的成员资格自会计年度终了时终止。

对农民专业合作社联合社没有规定的，适用《农民专业合作社法》关于农民专业合作社的规定。

农民专业合作社的管理

二

（一）农民专业合作社章程

Q1 什么是农民专业合作社章程？

农民专业合作社章程是农民专业合作社在《农民专业合作社法》及国家法规、政策规定的框架内，由本社的全体成员根据本社的特点和发展目标制定的，并由全体成员共同遵守的行为准则。可以说，农民专业合作社章程就是农民专业合作社的“宪法”。没有章程，农民专业合作社就无法建立、无法运行。

Q2 制定合作社章程的要求有哪些？

在制定合作社章程时要注意以下两点：一是制定的章程要遵守我国的法律法规，要在《农民专业合作社法》及其他相关法律规定的框架之内；二是制定的章程要结合本社的实际情况，要因势利导，参照示范章程来草拟，但切忌照搬照抄。

《农民专业合作社法》在第十三条中规定，合作社章程由本社的全体成员一致通过并共同遵守，是全体成员的行为准则。所以，合作社章程应当采用书面形式，全体设立人在章程上签名盖章。农民专业合作社的章程是农民专业合作社自治特征的重要体现，因此，对于合作社的重要事项，都应当在本社章程中写明。另外，章程若要修改，须经成员大会作出修改本社章程的决议，并依照《农民专业合作社法》的规定，由本社成员表决权总数的2/3以上通过方能生效。

Q3 合作社章程的主要内容有哪些?

《农民专业合作社法》第十四条规定了农民专业合作社章程应当载明的事项：名称和住所；业务范围；成员资格及入社、退社和除名；成员的权利和义务；组织机构及其产生办法、职权、任期、议事规则；成员的出资方式、出资额，成员出资的退出、转让、继承、担保；财务管理和盈余分配、亏损处理，债务承担；章程修改程序；解散事由和清算办法；公告事项及发布方式；需要规定的其他事项。

Q4 章程对合作社的名称和住所有哪些规定?

（1）名称　任何一家农民专业合作社都必须有自己的名称，且只能有唯一的一个名称。合作社的名称应当体现本社的经营内容和特色，并符合相关规定。农民专业合作社名称依次由行政区划、字号、行业或经营特点、专业合作社组成。例如，一个以杏为主产品的合作社名称为“花果飘香种植专业合作社”。在登记机关辖区内不得与已登记注册的同行业农民专业合作社名称以及企业名称相同或者近似。否则将来名称或商标会受到侵权，无法受法律保护。

（2）住所　住所也是农民专业合作社注册登记的重要事项之一，经登记的合作社住所也具有唯一性。合作社若要变更住所，必须进行住所变更登记。合作社的住所应当在登记机关管辖范围之内，住所地的确定，需要农民专业合作社全体成员一致通过，并写进本社章程。农民专业合作社的住所可以是专门的场所，也可以是某成员的家庭住所。

Q5 章程对合作社的业务范围有哪些规定?

合作社章程中应当明确列出本社要经营的产品或服务的内容，这同时也是工商登记时要确定的事项之一。合作社的业务范围，通常为同类农产品的生产经营者提供农业生产资料的购买，农产品的销售、加工、运输、贮藏以及与农业生产经营有关的技术、信息等服务。法律、行政法规和国务院决定规定在登记前须批准的经营项目，按照国家有关部门许可或批准的经营项目核定业务范围；不涉及前置许可的经营项目，根据申请人的申请，可以按照《农民专业合作社登记管理条例》规定的内容核定。

Q6 章程对合作社的成员资格、退社和除名有哪些规定?

（1）成员资格 《农民专业合作社法》第十八条规定，具有完全民事行为能力的公民，以及从事与农民专业合作社业务直接有关的生产经营活动的企业、事业单位或者社会组织，能够利用农民专业合作社提供的服务，承认并遵守农民专业合作社章程，履行章程规定的入社手续的，可以成为农民专业合作社的成员。但是，具有管理公共事务职能的单位不得加入农民专业合作社。

（2）成员退社 成员退社只要在规定的时间内提出声明即可。这里说的规定时间，一是指农民专业合作社成员要求退社的，应当在会计年度终了的 3 个月前向理事长或者理事会提出书面申请；其中，企业、事业单位或者社会组织成员退社，应当在会计年度终了的 6 个月前提出；二是章程另有规定的，从其规定。退社成员的成员资格自会计年度终了时终止。农民专业合作社因《农民专业合作社法》第四十八条第一款的原因解散，或者人民法院受理破产申请时，不能办理成员退社手续。农民专业合作社联合社成员退社，应当在会计年度终了的6个月前以书面形式向理事会提出。退社成员的成员资格自会计年度终了时终止。

（3）成员除名 成员除名的条件及程序由合作社章程规定。这条一定要在章程中规定清楚，否则将来出现社员不尽义务或违反规定时合作社对其将束手无策。成员的除名，应当经理事、监事联席会议全体理事、监事2/3以上出席，出席的理事、监事2/3以上通过，并报告成员大会或者成员代表大会批准后，注销其成员资格。在实施前款规定时，应当在召开理事、监事联席会议15日之前通知该成员，并为该成员提供在召开会议时陈述意见的机会。被除名成员的成员资格自会计年度终了时终止。

Q7 章程规定合作社成员的权利和义务分别有哪些?

《农民专业合作社法》在第二十条和第二十二条对合作社成员的权利及义务作了弹性规定。

（1）成员权利

①参加成员大会，并享有表决权、选举权和被选举权，按照章程规定对本社实行民主管理。

②利用本社提供的服务和生产经营设施。

③按照章程规定或者成员大会决议分享盈余。

④查阅本社的章程、成员名册、成员大会或者成员代表大会记录、理事会会议决议、监事会会议决议、财务会计报告和会计账簿。

⑤章程规定的其他权利。

(2)成员义务

①执行成员大会、成员代表大会和理事会的决议。

②按照章程规定向本社出资。

③按照章程规定与本社进行交易。

④按照章程规定承担亏损。

⑤章程规定的其他义务。

注意

农民专业合作社法同时也规定，农民专业合作社成员的权利和义务还要根据本社的实际情况加以具体化，以适应本社发展的需要。

Q8 章程对合作社组织机构的产生办法和议事规则有哪些规定？

(1)产生办法　农民专业合作社必须设立成员大会作为最高权力机构。章程作出具体规定的事项有：成员大会由谁召集，是理事长还是理事会；成员150人以上是否设立成员代表大会；如果设立成员代表大会，成员代表大会按照章程规定可以行使成员大会的部分或者全部职权；必须设立理事长作为法定代表人；是否设立理事会；是否设立执行监事或监事会。

(2)议事规则　召开成员大会出席人数必须达到2/3以上；选举或作出决议，必须本社成员表决权数1/2通过，修改章程或者合并、分立、解散的决议必须2/3以上的表决权数通过。另外，章程还可以对修改章程或合并、分立、解散的决议表决权数作出更高的规定，如 3/4，但是不能低于 2/3。作出更高规定的，从其规定。成员大会必须是一人一票。本社的附加表决权总票数，不得超过本社成员基本表决权总票数的 20%。如设理事会、监事会的，作出决定时其理事会、监事会成员只能是一人一票，而且不能行使附加表决权。合作社章程规定了本社是否要设立理事会、监事会、执行监事，也规定了理事长或理事会、执行监事或监事会的职权与任期，如果设立成员代表大会，成员代表的产生办法、任期、代表比例等在章程中都要有详细明确的规定。

Q9 章程对合作社成员的出资方式、出资额有哪些规定？

（1）成员的出资方式　农民专业合作社成员可以用货币出资，也可以用实物、知识产权、土地经营权、林权等可以用货币估价并可以依法转让的非货币财产向农民专业合作社作价出资；但是，法律、行政法规规定不得作为出资的财产除外。农民专业合作社成员不得以对该社或者其他成员的债权，充抵出资；不得以缴纳的出资，抵销对该社或者其他成员的债务。

（2）成员出资额　农民专业合作社法并没有对成员出资额作出具体规定，由农民专业合作社根据自身情况确定，并在农民专业合作社章程中明确规定。

Q10 章程对合作社财务管理和盈余分配有哪些规定？

章程必须对合作社的财务管理、盈余分配办法作出明确规定。

（1）农民专业合作社财务管理　农民专业合作社应当按照国务院财政部门制定的财务、会计制度进行财务管理和会计核算。

（2）农民专业合作社盈余分配　合作社若有盈余，一般应该首先提取公积金。提取公积金后才是可分配盈余。但是否提取公积金，提多大比例，由章程规定。如果提取公积金，必须量化为每个成员的份额，也可以转为成员出资。目前量化公积金有3种办法：一是以成员出资为标准量化；二是把成员出资与交易量（额）结合起来，两者各占一定比例量化；三是单纯以交易量（额）量化。到底如何具体量化，章程应作出具体规定。

可分配盈余，按照下列规定返还或者分配给成员，具体分配办法按照章程规定或者经成员大会决议确定：一是按成员与本社的交易量（额）比例返还，返还总额不得低于可分配盈余的60%；二是按前项规定返还后的剩余部分，以成员账户中记载的出资额和公积金份额，以及本社接受国家财政直接补助和他人捐赠形成的财产平均量化到成员的份额，按比例分配给本社成员。

成员与本社的交易量（额）较少或者没有交易量的农民专业合作社，可分配盈余可以按照章程规定或者经全体成员同意的其他办法返还或分配给本社成员。此外，经成员大会或者成员代表大会表决同意，可以将可分配盈余转为其对农民专业合作社的出资，并记载在成员账户中。

Q11 章程对合作社的章程修改程序有哪些规定？

合作社章程若要修改，须经过成员大会讨论，并经成员表决权总数的2/3通过。合作社章程可以对修改章程的表决权数作出最高的规定，同时也规定修改章程的具体步骤。

（二）农民专业合作社组织机构制度

Q12 社员代表大会制度具体包括哪些内容？

（1）社员代表大会代表 社员代表大会是合作社最高权力机构，推选入股资产较多、政策觉悟较高、创业精神较强的社员为代表，成员代表人数一般为成员总人数的10%，以20～30人为佳。社员代表任期与理事会相同，可以连选连任。

（2）社员代表大会的召集 社员代表大会由理事会负责召集。理事会不能履行召集临时社员代表大会的，执行监事或者监事会召集并主持临时社员代表大会。

（3）社员代表大会的职权 主要包括：①修改章程；②选举和罢免理事长、理事、执行监事或者监事会成员；③决定重大财产处置、对外投资、对外担保和生产经营活动中的其他重大事项；④批准年度业务报告、盈余分配方案、亏损处理方案；⑤对合并、分立、解散、清算，以及设立、加入联合社等作出决议；⑥决定聘用经营管理人员和专业技术人员的数量、资格和任期；⑦听取理事长或者理事会关于成员变动情况的报告；⑧公积金的提取及管理；⑨附加表决权的设立、行使方式和行使范围；⑩章程规定的其他职权。

（4）社员代表大会召开的人数规定 社员代表大会须有本社社员代表总数的2/3以上出席方可召开。社员因故不能参加社员代表大会，可以书面委托其他社员代表代理。一名社员最多只能代理一名社员表决。社员代表大会的代表以其受社员书面委托的意见及表决权数，在社员代表大会上行使表决权。

（5）社员代表大会召开的时间规定 社员代表大会每年至少召开1次。社员代表大会需提前1周向全体社员代表通报会议内容。

（6）临时社员代表大会的规定 有下列情形之一的，本社在20日内召开临时社员代表大会：①30%以上的社员代表提议；②执行监事或者监事会提议；③理事会提议。

（7）社员代表大会表决的规定 成员大会选举或者作出决议，应当由本社成员表决权总数过半数通过；作出修改章程或者合并、分立、解散，以及设立、加入联合社的决议应当由本社成员表决权总数的2/3以上通过。章程对表决权数有较高规定的，从其规定。

Q13 理事会工作制度具体包括哪些内容？

（1）理事会的职责 其职责包括：①执行社员代表大会决议；②聘任、解聘本合作社所属部门的专职、兼职负责人；③负责召集召开社员代表大会，并报告工作；④制定本合作社发展计划和投资方案、年度分配方案，并实施社员代表大会批准的各类方案；⑤制定本合作社的管理制度；⑥负责日常社务工作，根据需要设置必要的内部管理机构，聘用必要的经营管理人员。

（2）理事长的职责 包括：①负责合作社理事会的全面工作；②签署聘任或者解聘本社经理；③签署财务会计人员和其他专业技术人员聘书；④签署本社成员入股证明；⑤审批年度财务预决算和日常经费开支；⑥代表本社签订相关合同等；⑦负责合作社与政府有关部门的联系与沟通；⑧履行社员代表大会授予的其他职权。

（3）理事会召集的规定 理事会由理事长召集，理事会会议须有 2/3 以上的理事出席方能召开，每月至少召开 1 次（商议调整）。

（4）理事会会议表决的规定 理事会会议的表决，实行一人一票，经半数以上理事同意方可形成决议。

（5）理事会会议记录的规定 理事会所议事项要形成会议记录，出席会议的理事应当在会议记录上签名，并及时做好《合作社工作手册》的记录。理事个人对某项决议有不同意见时，其意见应记入会议记录并签名。

（6）理事会会议列席的规定 执行监事或者监事长和经理列席理事会会议，理事会会议可以邀请部分社员代表列席，列席者无表决权。

（7）其他规定事项 包括：①理事长、理事不得兼任业务性质相同的其他农民专业合作社的理事长、理事。②理事会接到执行监事或者监事会提出的质询或者建议的书面通知后，必须在 7 个工作日内作出书面答复。

Q14 监事会工作制度具体包括哪些内容?

（1）监事会的职责 包括：①监督社员大会决议和本社章程的执行情况，监督理事会及工作人员职责履行情况，并向社员（代表）大会报告年度监察和各项决议执行的审查情况；②监督检查本社的生产经营和收支及盈余分配情况，负责对本社财务的内部审计，每季度审计 1 次，并向社员（代表）大会报告审计结果；③召开监事会会议，监事会会议由监事长召集，会议决议以书面形式通知理事会或理事长，提议召开临时社员代表大会；④列席理事会会议，向理事会提出工作质询或工作改进建议；⑤监事会所议事项要形成会议记录；⑥履行社员（代表）大会授予的其他职责。

（2）监事长的职责 包括：①负责监事会的全面工作；②负责召集监事会会议；③负责向社员（代表）大会报告相关审查审计结果；④负责与理事会之间的协调事项；⑤负责其他职责。

（3）监事会召集的规定 监事会由监事长召集，监事长有事不能召集会议的，可以委托其他监事召集；监事会会议须有 2/3 以上的监事出席方能召开。监事会会议每季度召开 1 次（商议调整）。

（4）监事会会议表决的规定 监事会会议的表决，实行一人一票，重大事项经 2/3 以上监事同意方可生效。

（5）监事会会议记录的规定 监事会所议事项要形成会议记录，出席会议的监事应当在会议记录上签名。监事个人对某项决议有不同意见时，其意见也要记入会议记录并签名。

案例

渌洋湖土地股份合作社

（1）社员代表大会制度 社员有权“参加社员（代表）大会，并有表决权、选举权和被选举权；有权对本社的工作提出批评和建议；有权建议召开社员大会或社员代表大会；有权依照章程规定程序退社”。

（2）理事会工作职责 组织召开社员（代表）大会，执行社员（代表）大会决议；制定和组织生产发展业务计划并提交社员（代表）大会通过，组织实施各项工作任务；制定并执行财务等管理制度；聘任、考核和解聘主要管理人员；讨论接纳新社员和社员退社事宜。生产经营项目实行公开招标，竞争竞标，内外无别，抵押保障，法律保护，确保生产经营正常运转。

（3）监事会工作职责 监督理事会对社员（代表）大会决议和章程的执行；监督检查社内生产业务经营和财务收支；列席参加相关理事会会议，向理事会提出改进工作的建议；提议召开临时社员（代表）大会，讨论重大监察事项。

（三）农民专业合作社会计管理制度

Q15 机构和人员如何设置？

合作社根据自身情况可以设置独立会计机构或委托代理机构记账。如果设置独立会计机构，至少配备会计 1 人，出纳 1 人；如果委托代理机构记账，合作社可设置出纳 1 人。

①会计和出纳必须拥有会计证。

②合作社理事会成员的配偶和直系亲属不得担任合作社的财务人员。

③财务人员要保持相对稳定，无正当理由，任何单位和个人都不得随意调换。财务人员调动或离职时，必须按规定办理交接手续，编制交接清单，移交人、接交人、监交人要签字盖章，街经管站验印存档。在未办清交接手续以前，财务人员不得离职。

Q16 会计的职责有哪些?

会计主要负责凭证审核、账簿登记、会计档案保管等工作。

①按照国家会计制度的规定，记账、复核、报账做到手续完备，数字准确，账目清楚，按月报账。

②按照经济核算原则，定期检查，分析本社财务、成本和利润的执行情况，及时向理事长提出合理化建议。

③做好年终收益分配决算及提取公积金、公益金工作。

④妥善保管会计凭证、会计账簿、会计报表和其他会计资料。

⑤完成理事长交付的其他工作。

Q17 出纳的职责有哪些?

出纳员负责现金、支票、发票的保管及日记账的记录工作。

①严格执行现金管理制度，对现金收、支的原始凭证认真稽核，不符合规定的有权拒付。

②严格执行库存现金限额，超过部分必须及时送存银行，不得坐支，不得白条抵现金。

③建立健全现金和银行存款日记账目，严格审核现金和银行存款收付凭证。

④严格支票管理制度，编制支票使用手续；不得签逾期支票、空头支票。应定期监督支票的收回情况。

⑤积极配合银行做好对账、报账工作。

⑥妥善保管现金、支票、发票，不得丢失。

⑦完成理事长交付的其他工作。

Q18 财务人员的哪些行为会受到责任追究？

财务人员要严格遵守财政纪律、认真负责、廉洁奉公，如有以下行为，要进行严肃处理，情节严重的要追究法律责任。

①对未经审批的原始凭证给予报销。

②库存现金保管超过限额。

③利用职务便利私自出借集体资金或套取大额现金。

④违规开设银行账户、公款私存或截留、侵占或挪用集体资金资产。

⑤已收集体收入不在当月及时入账。

⑥借款超过1个月以上不入账。

⑦违规填开票据，遗失或损毁财务会计资料。

⑧未按规定办清财务交接手续。

（四）农民专业合作社成员管理制度

Q19 成员（社员）管理制度包括哪些内容？

（1）成员管理制度 主要包括成员入社管理、退社管理及成员权利和义务的界定。

（2）社员管理制度 主要依照合作社法，明确社员的入社、权利、义务、退社等方面的内容。

拟定成员（社员）管理制度时，应注意3点：一是合法性，二是可操作性，三是规范执行。

案例

南昌市养猪农民专业合作社成员管理制度范本

（1）**成员应具备的条件**　符合下列条件，经理事会审查批准，即可成为本社成员：①承认本社章程；②饲养种猪5头及以上，商品猪10头及以上；③缴纳股金10元以上；④写出书面申请。

（2）**成员均享受本社章程规定的权利**　主要包括：①参加成员大会，并有表决权、选举权和被选举权；②优先参加本社组织的各项活动，优先享受本社提供的各种服务，优先利用本社设施；③享受本社的股金分红和按生猪交售数量进行的利润返还；④有权对本社的生产经营、财务管理、收益分配等提出建议、批评和质询，并进行监督；⑤建议召开成员大会或成员代表大会；⑥本社规定的其他权利。

（3）**成员必须履行本社章程规定的义务**　①执行成员大会或成员代表大会、理事会的决定；②按照章程规定缴纳入社股金和会费，按照入股金额承担责任；③按照章程规定与本社进行交易；④积极参加本社活动，维护本社利益，保护本社共有财产，爱护本社设施；⑤按本社的技术指导和要求组织生产经营，按时保质保量履行合同协议；⑥发扬互助合作精神，群策群力，共同搞好本社生产经营活动；⑦本社规定的其他义务。

（4）**养猪户入社申请**　养猪户入社可随时提出申请，理事会每季度讨论1次，对符合入社条件者吸收为成员，并发给《成员证》，讨论通过之日为入社时间。

（5）成员退社 成员退社须在履行当年义务后，于年终决算前3个月，以书面形式向理事长或理事会提出，经理事会批准，方可办理退会手续，并收回《成员证》。成员退社时，其入社股金于年终决算后2个月内退还。如本社亏损，则扣除其应承担的亏损份额；如本社盈利，则分给其应得红利，不退会费。

（6）其他 成员不履行义务或不执行章程规定的其他款项，或因成员个人行为损害合作社形象及经济利益的，除承担相应经济责任外，根据情节轻重在成员大会上通报批评。成员有下列情形之一者，经成员大会或成员代表大会决议，取消其成员资格：①不遵守本社章程及决议，不履行成员义务；②从事与本社相竞争或与本社利益相矛盾的活动；③不按本社的技术指导和规定进行生产经营，给本社信誉、利益带来严重危害；④其他有损本社利益的行为。

Q20 合作社管理实践中存在的问题有哪些？

尽管很多地方政府都出台了会员管理制度范本，但仍然存在很多管理不规范的地方。如有的合作社缺乏或不执行基本的加入和退出手续，仅靠一本花名册作为成员的入社凭证和身份证明；这就给合作社的日常管理带来了隐患，使合作社的实际运行出现混乱。

由于权利、义务的模糊或者利益联结非常松散，有的合作社并不能将社员有效地组织起来并加以管理。

（五）农民专业合作社成员股金和专项基金的管理

Q21 合作社股金如何管理？

股金是合作社成员实际投入合作社的各种资产的价值。它是进行生产经营活动的前提，也是合作社成员分享权益和承担义务的依据。

①坚持入股自愿、退股自由的原则。

②对吸收的股金颁发股金证，并编制股金名册。

③合作社应设立股金单独核算机构，配备专职财务人员，负责办理股金的入、退和使用手续。按照股金类别分别建账，健全股金财务管理制度。

④合作社理事会要定期向本社社员报告股金的使用情况。社员有权监督、了解合作社的经营管理情况。

⑤股金不得转让。

⑥股金必须计入成员账户。

Q22 合作社专项基金如何管理？

专项基金是合作社通过国家财政直接补助转入和他人捐赠形成的专用基金。其中，国家财政直接补助资金具有专门用途，主要是扶持引导合作社发展，支持合作社开展信息、培训、农产品质量标准与论证、农业生产基础设施建设、市场营销和技术推广等服务。

①专项基金要严格按照规定使用。农民专业合作社专项资金管理办法规定专项资金支持的环节如下。

一是农业服务设施建设。支持农产品加工、整理、储存、保鲜、运销和检测等服务设施购置，包括服务设施建设中发生的贷款贴息。

二是农产品质量标准与认证。支持无公害生产基地、无公害农产品、绿色食品、森林食品、有机食品、名牌产品和驰名商标的认证和创建等。

三是市场营销服务。支持构建市场营销网络、参加产品展示展销等促进生产与市场对接的项目，包括进超市、设立销售点和展示展销点等。

四是技术推广、培训和信息服务。支持为合作社成员和农户提供的专业技术、培训和信息服务，包括聘请专家和技术人员提供服务等。

②农民专业合作社要向全体成员公开、公告各级财政补助资金的使用情况，接受成员的监督。

③专项基金所形成的资产严格按照《农民专业合作社法》的规定管理。

④专项基金必须平均量化到成员，并在成员账户中登记。

⑤专项基金的监督检查。项目所在地的农业部门会同财政、林业、渔业部门要对项目实施实行绩效评价，切实加强对资金使用情况的监督检查，督促项目单位按期保质完成项目。项目完成后，要及时组织验收，并对项目实施、资金使用和产生的效益进行总结考评，考评结果作为下一年度安排农民专业合作社专项基金的主要依据之一。

（六）农民专业合作社现金与银行存款管理

Q23 现金使用范围有哪些规定？

合作社必须根据国家《现金管理条例》的规定，结合本社的实际情况，确定本社现金的开支范围。

①干部和村民参加统一经营劳动的工资、津贴、个人劳务报酬、奖金。

②支付村民的各种福利费、年终收益分配。

③社会保险、社会救济支出，如抚恤金、助学金、退休金等。

④因公出差人员随身携带的差旅费。

⑤向个人收购的农副产品和其他物资价款。

⑥日常零星开支。

Q24 现金使用限额有哪些规定？

实行备用金制度。备用金限额为日常零星开支所需库存现金限额（原则上按日常7～10天零星开支核定），一般为2000元（根据实际情况调整）。超额部分应存入银行，不足限额部分应当填写《现金领用单》，并写明用途和金额，由理事长批准后从银行提取。

除《现金管理条例》前款规定外，超过使用现金限额的部分，应当以支票支付；确需全额支付现金的，经会计审核，理事长批准后支付现金。

Q25 现金使用的其他规定有哪些？

①结算起点以下的日常小额报销费用可由出纳备用金支付，其他不属于现金开支范围的经济业务应当通过银行办理转账结算。

②必须严格执行“六不准”：不准坐支现金（从获得现金收入中直接支取使用）；不准公款私存；不准谎报用途套取现金；不准用银行账户代其他单位和个人存入或支取现金；不准设置小金库；不准白条抵库（以非正规条据作为使用现金支出的凭证并抵作库存现金）。

③本社固定资产、办公用品、劳保、福利及其他工作用品必须采取转账结算方式，不得使用现金。

④工作人员因工作需要借用现金，需填写《借款单》，交理事长批准签字后方可借用。

⑤符合规定①的，凭发票、工资单、差旅费单及正规报销或领款凭证，经手人签字，出纳审核，理事长批准后方可支付现金。

Q26 如何做好现金对账工作？

出纳人员要做到每日现金日记账余额与保管的现金核对相符，并经常与会计核对账目。

案例

在审计云南省某村以前年度的财务账目中发现竟有“接待美国国防部副部长考察支出 225 元”“接待老挝国家主席支出 1 530 元”等字样的“白条”。“白条”用的是薄薄的发黄信纸，内容是几行随意的潦草文字，没有公章，也没有印鉴，只有当年村干部的签名。据初步统计，在这个村类似的“白条”还有1700多张，累计金额上百万元。在大量的“白条”下，村集体财产被吞噬一空。此事已经司法部门立案处理。

Q27 银行存款的管理有哪些规定？

农民专业合作社银行存款的管理有以下几项规定。

①银行存款账户只能办理本社经济业务事项，不得出租、出借、转让、转存。

②按照规定用途使用账户。

③账户必须有足够资金保证支付。

④银行存款要及时对账。

Q28 支票管理制度的主要内容有哪些？

（1）支票保管 支票由出纳员或理事长指定专人保管。

（2）支票领用 支票使用时须有“支票领用单”，经理事长批准签字，然后将支票按批准金额封头，加盖印章、填写日期、用途、登记号码，领用人在支票领用簿上签字备查。

（3）支票付款报销 支票付款后凭支票存根，发票由经手人签字（购置物品还应由保管员签字）、理事长审批后交出纳。出纳统一编制凭证号，按规定登记银行账号，原支票领用人在“支票领用单”及登记簿上注销。

（4）支票收入款项的规定 凡1000元以上的支票结算款项

进入银行账户 2 日内，出纳应书面报告理事长。凡 1 周内收入款项累计超过 10 000 元，出纳应书面报告理事长。

（七）农民专业合作社资产管理制度

Q29 合作社的资产管理包括哪些内容?

农民专业合作社有必要对本社所拥有的资产进行严密的管理和控制。资产管理主要包括两方面内容：内部牵制制度管理和责任管理。

Q30 内部牵制制度管理的规定有哪些?

内部牵制制度管理主要是在资产的购置、验收、保管、使用、处置等环节上，实行“五分开”。即购置计划与审批、审批与采购、采购与验收保管、保管与使用审批、处置与审批相互分开，相互牵制、相互监督。

2007 年 12 月财政部发布了《农民专业合作社财务会计制度（试行）》（财会［2007］15 号，以下简称《制度》），自 2008 年 1 月 1 日起在全国农民专业合作社范围内实施。有关合作社财务内部牵制制度明确做了如下规定。

①为了加强合作社的内部财务管理，保证财产物资的安全可靠，保证会计资料的准确性和可靠性，保证合作社资金的使用效益，财务管理必须实行内部牵制制度。

②任何一项经济业务的办理，必须由两个或两个以上的相关部门或人员分工办理。经办人员之间相互牵制，相互制约，相互

监督。确保经济业务的真实性和办理经济业务的规范化。

③财会工作遵循职务分离和账、钱、物分开的原则。

一是办理经济业务事项的经办人员、证明人员、验收人员、审核人员、记账人员等相关人员的职权明确，并相互制约，相互监督。

二是资产管理员、财产物资采购员、保管员 3 个岗位，分别由 3 人负责。

三是出纳会计不兼管保管和经费收入、经费使用、债权债务账目的登记工作、稽核工作、会计档案管理工作。

四是审批支付款项的人员不能同时担任出纳。审批出入库手续的人员不能同时担任采购员、仓库保管员。资产核算与资产保管岗位分离。

五是收支审批人员自身直接经办的业务应当由指定的合作社其他领导人审批。

④合作社收入的范围、标准等应根据有关规定执行，各项财务支出和预付、暂付款都要经有关人员审批后由财务人员办理。各项收入必须开具规范票据。总账会计要经常检查发生的收入是否已及时入账。

⑤总账、财产物资明细账、固定资产明细账、现金及银行日记账、银行对账单、收入、支出、往来等明细账定期核对，做到账账相符。若有不符，须查明原因。

⑥财务印鉴必须分别由两人以上分开掌管，加盖印鉴时要履行审核、监督职责。

⑦各会计人员必须在规定的岗位职责范围内办理会计事项，不得越权，不得失职。账务处理必须按规定办理。

⑧出纳岗位的工作，必须严格按岗位职责的规定办理，会计负责人必须严格监督，发现问题严肃处理。

⑨实现会计电算化后，不同岗位的操作人员应设置不同的操作口令、密码，保证财会人员之间相互制约，相互监督，相互牵制。

⑩各类财产物资的购买实行验收入库制度。合作社要经常组织财产物资使用、保管情况的检查，对库存物资要经常清查盘点。

Q31 责任管理具体表现为哪些方面?

责任管理即对资产的购置、验收、保管、登记、清查等都要确定专人负责。

①建立资产台账登记责任制度，确定专门人员对资产的购置、验收和保管、使用进行登记，建立台账，落实责任。凡造成资产损失或者浪费，又不能补救的，其直接和间接损失由责任人赔偿。

②财务部门要根据本社实际情况，分门别类地确定易耗品使用期限和周期以及固定资产的折旧年限和比例，以实事求是的原则确定资产折旧。

③财务部门要定期对实物资产进行账账、账卡、账实清查，向理事会呈报实物资产清查报告，提出实物资产管理问题解决方案。

④加强对合作社商标、土地使用权、非专利技术、商誉等无形资产的管理，以防止无形资产流失。

（八）农民专业合作社盈余管理

Q32 什么是农民专业合作社的盈余?

会计盈余指从收入中扣减掉所有生产要素的成本之后的剩余，

通常又称为利润或收益，是财务报告中最为重要的数据。通常将每股盈余（EPS）作为会计盈余的实证度量指标。合作社经营所产生的剩余，《农民专业合作社法》称为盈余。

案例

假设一家农产品销售合作社，将成员的农产品（假设共30000千克）按11元/千克卖给市场，按10元/千克付钱给农民，假设年终经过核算所有费用合计为20000元，这样合作社就产生了10000［即30000×（11−10）−20000］元剩余，实际上就是成员的农产品出售所得扣除共同销售费用后的剩余，即合作社的盈余。

Q33 什么是农民专业合作社的可分配盈余？

盈余分配是指税后利润的分配，即如何在向股东支付股利和企业留存之间分配，以股东的现实利益（股利）和长远利益（留存收益）的有机结合为盈余分配的基本原则。盈利分配的决策权力在股东大会。在弥补亏损、提取公积金后，可供当年分配的那部分盈余。

案例

接上例，虽然当年的盈余为10000元，但如果合作社上一年有2000元的亏损，在分配前就应当先扣除2000元以弥补亏损。如果按照章程或者成员大会规定需要提取2000元作为公积金，那么当年的可分配盈余就只有6000（即10000−2000−2000）元。

Q34 合作社盈余的分配对象是谁？

农民专业合作社盈余的分配对象为认购农民专业合作社股金的成员。

Q35 合作社盈余分配之前要做哪些准备工作？

农民专业合作社在进行年终盈余分配工作之前，财会人员要做好财物清查，准确核算全年的收入、成本、费用和盈余，清理资产和债权、债务。财务核算结束后，向理事会提交盈余分配方案。

Q36 合作社盈余分配的程序是什么？

首先，财务核算结束后，财务部门向理事会提交盈余分配方案。

其次，理事会接到农民专业合作社财务部门提交的盈余分配方案后，组织召开有执行监事或者监事会成员、经理、成员代表参加的理事（扩大）会，听取意见，进一步完善方案。

最后，经理事会审核后，提交成员（代表）大会审议批准后方可执行。

Q37 合作社盈余分配的顺序是什么？

（1）提取公积金、公益金和风险金　按照章程或者成员（代表）大会决议规定的比例提取。

（2）向成员分配盈余　可分配盈余按照下列规定返还或者分配给成员，具体分配办法按照章程规定或者经成员（代表）大会决议确定。

①主要应根据交易量（额）的比例进行返还。根据《农民专业合作社法》第四十四条的规定，按交易量（额）比例返还的盈余不得低于可分配盈余的 60%。农民专业合作社是从事同类农业生产的农民组建的互助性经济组织。成员利用合作社的服务是合作社生存和发展的基础。比如农产品销售合作社，如果成员都不通过合作社销售农产品，合作社就收购不到农产品，也就无法运转。对于农业生产资料合作社来讲，如果成员不通过合作社购买生产资料，合作社也就失去了存在的必要。因此，成员享受合作社服务的量（即与合作社的交易量）就是衡量成员对合作社贡献的最重要依据。成员与合作社的交易量也就是产生合作社盈余的最重要来源（当然，成员出资也扮演了重要角色）。因此，《农民专业合作社法》规定，按交易量（额）比例返还的盈余不得低于可分配盈余的 60%。

案例

接前例，社员与合作社的交易量是 30000 千克，假设合作社章程规定，将可分配盈余的 60% 按照社员与合作社的交易量比例返还，那么，可分配盈余的分配总额就是 2400（即 6000−6000×60%）元，每千克交易量返还盈余 0.08（即 2400÷30000）元。

②按前项规定返还后的剩余部分，以成员账户中记载的出资额和公积金、风险金份额，以及本社接受国家财政扶持补助和他人捐赠形成的财产平均量化到成员的份额，分配比例不超过可分

配盈余的 40%。

Q38 合作社盈余分配应该注意的事项有哪些?

①按交易量(额)的比例返还是盈余返还的主要方式，但不是唯一途径。根据《农民专业合作社法》第四十四条的规定，合作社可以根据自身情况，按照成员账户中记载的出资和公积金份额，以及本社接受国家财政直接补助和他人捐赠形成的财产平均量化到成员的份额，按比例分配部分利润。因为在现实中，合作社成员出资不同的情况大量存在。在我国农村资金比较缺乏、合作社资金实力较弱的情况下，必须足够重视成员出资在合作社运作和获得盈余中的作用。适当按照出资进行盈余分配，可以使出资多的成员获得较多的盈余，从而实现鼓励成员出资、壮大合作社资金实力的目的。此外，成员账户中记载的公积金份额、本社接受国家财政直接补助和他人捐赠形成的财产平均量化到成员的份额，也都是盈余分配时应当考虑的依据。这是因为，补助和捐赠的财产是以合作社为对象的，而由此财产产生的盈余则应当归全体成员平均所有。

案例

接上例，假设章程规定，可分配盈余按照交易量比例返还 60% 之后的部分，按照成员账户中记载的出资和公积金份额，以及本社接受国家财政直接补助和他人捐赠形成的财产平均量化到成员的份额(假设 100 000 元)，按 60% 比例分配盈余。那么，量化到社员(社员账户中记载)的每一份额能分配到的盈余为 0.004(即 2 400×60%÷100 000)元。

②入社不满1年的成员，根据成员实际出资和入社时间，按时间段按比例进行分配。

③农民专业合作社当年提取的公积金、风险金，按交易量（额）比例或者按交易量（额）比例和出资额相结合的比例量化到成员名下，并记载到成员账户中。

④农民专业合作社当年接受国家财政扶持补助资金及接受他人捐赠形成财产部分按成员平均量化到成员名下，成员有收益权，没有所有权，只作为成员按出资额盈余分配的依据。

（九）农民专业合作社开支审批制度

Q39 如何实施严格的开支审批制度？

日常开支分为小额500元以下（含500元），中额500～1000元（含1000元）、1000～5000元（含5000元），大额5000～100000元（含100000元），特大额100000元以上共5个标准。

①500元以下（含500元），开支由理事长审签。

②500～1000元（含1000元），由理事会讨论决议，附书面意见，理事长审签。

③1000～5000元（含5000元），开支由监事（长）、理事长双签（商议调整额度）。

④大额5000～100000元（含100000元），开支必须由理事会讨论同意、监事会讨论同意，附书面意见，监事长、理事长联签。

⑤特大额100000元以上，开支和工程建设投资项目，应纳入

年初预算开支计划，并经理事会审定后，报社员（代表）大会讨论通过，理事长联签。

审批人在审批经集体讨论决定的项目开支时，要注明“某年某月某日某会议讨论决定”等有关说明，以便日后与有关会议纪要（记录）核对。

Q40 不予审批的事项有哪些?

各社当月支出要求当月审核结算、当月入账。凡支出的凭证，必须手续齐全，手续不全的，不得付款入账。

以下情况不予审批：原始凭证不规范的；没有证明人、经办人的；所购材料用途不明或应入库登记而保管人员未签字的；数量、单价、金额不符的；大额票据未按程序开支的。

Q41 不得报支而应由个人承担的费用有哪些?

合作社支出必须符合财务制度规定，以下开支不得报支。

①不得巧立名目虚报招待费。

②不得报支合作社干部住宅电话、移动电话等通信器材购置费、月租费、通话费。

③不得报支应由个人负担的教材、讲义、学习用品、往返路费等学习费用。

④不得报支个人订阅的报纸、杂志费。

⑤不得报支未经审批的各种津贴、补助、奖金等。

合作社理事会成员及其他管理人员的报酬，由社员代表大会讨论决定。

Q42 原始凭证审核管理如何实施?

财务开支应取得合法的原始凭证，并具备完备的审批手续。原始凭证应有经办人员签名。

①购买实物的原始凭证，由经办人员在凭证上签名后，按照规定交由实物使用人或保管人办理验收手续，实物使用人或保管人在凭证上签名后，财务会计人员在办理好相关的审批手续后才能予以报销。

②达到特定金额的开支项目，付款时要附上表决情况或会议记录。

③经上级有关部门批准的经济业务，应当将有关批准文件作为原始凭证附件。如果批准文件需要单独归档的，应当在原始凭证上注明批准机关名称、日期和原件另存于文件字号，以及附着复印件。

④工程项目的开支，除取得施工单位开具的正式发票外，还必须附有合同、预算、竣工验收和结算等文件，50 000 元以上的还必须附有招标、投标、中标等文件。

⑤单位内部工作人员的报酬、补贴（助）和代表会议误工费等的发放，应采用“签收表”的形式作为支出凭证。

⑥难以取得合法原始凭证的费用支出，方可使用现金支出单。现金支出单要注明使用事由，除了经手人、审批人签名外，还必须有证明人签名。不得滥用现金支出单。

⑦发现原始凭证有错误的，应当由开出单位重开或者更正，并在更正处加盖开出单位的公章或更正校对章。

（十）农民专业合作社的社务公开

Q43 社务公开有哪些内容?

①本社发展规划、年度工作目标及执行情况；社员（代表）大会和理事会讨论决定事项的实施情况；理事会年度工作目标执行情况；监事会工作目标完成情况。

②本社年度财务计划、财务决算和债权、债务情况；资产的购置、使用、处置以及收益情况；本社建设项目的投资、管理和收益情况。

③社员的入社、退社、除名情况；社员在本社的入股情况；盈余及盈余分配等情况。

④国家对本社扶持补助资金、接受他人捐赠的收支、使用和管理情况。

⑤管理人员、技术人员的聘请、解聘及其工资、奖金、补贴和福利情况。

⑥本社办公费、差旅费、招待费等非生产性支出情况。

⑦涉及本社社员利益、社员普遍关心和要求公开的其他事项。

Q44 社务公开的形式和具体时间有哪些要求?

（1）社务公开的形式

①公示栏　在本社办公地点设置社务公开栏，将公开事项逐条予以公布，并设置意见箱。

②会议　通过召开社员（代表）大会，发放社务公开资料，宣读公开内容。

（2）社务公开的时间

①基本社务每季度末公布，每年定期公开 4 次。

②财务公开内容每半年 1 次（根据情况修改）。

③应当及时公开的事项随时公布。

Q45 执行社务公开的程序是什么？

监事会（或执行监事）根据本社的实际情况，依照政策法规和社员的要求，提出社务公开的具体方案

↓

监事会（或执行监事）对方案进行审查完善后，根据公开的内容采取不同形式，安排有关部门和人员及时公布

↓

监事会（或执行监事）建立社务公开档案，以便存档备查

Q46 如何处理意见反馈？

①每次社务公开后，理事会负责收集、听取社员反映的意见。理事会能够当场答复的，要当场给予答复；不能够当场答复的，应当于 7 日内作出答复。

②半数以上的社员对社务公开的事项不同意的，应当予以纠正，并重新公布。

③对反映的突出问题要组织专门人员调查、核实、纠正，督促整改落实。

Q47 如何进行监督管理?

①对不按规定进行社务公开的，监事会（或执行监事）可以责令其限期公开。

②对弄虚作假、欺瞒社员的，给予有关责任人批评教育，并责令其改正。

③对拒不改正或者情节严重以及有打击报复行为的，可以建议理事会按程序对有关责任人进行处理。

④挥霍、侵占、挪用、贪污本社财物及其他违法行为的，移交司法机关依法处理。

（十一）农民专业合作社监督审计制度

Q48 监督审计的主要内容有哪些?

监事会（或执行监事）负责本合作社财务的监督和内部审计。

①对本社分配方案及重大事项的执行情况进行监督。

②对社务公开、财务公开、资金审批等制度的执行进行监督。

③对本社的财务收支情况进行监督，对财务收支票据，每季度进行 1 次审核。

④如实反映成员的意愿和要求。

⑤至少每季度召开 1 次会议，因工作需要，理事会提出召开

的应随时召开。

同时，社员（代表）大会可以决定委托有关审计机构对本社的财务进行年度审计、专项审计和换届、离任审计。

Q49 关于公示和报告的要求有哪些？

监事会（或执行监事）对社务监督情况及所出具的意见及时予以公示。外部审计结果由执行监事或者监事会向成员（代表）大会报告。

（十二）农民专业合作社内部控制管理

Q50 关于人员的内部控制实施要点有哪些？

①农民专业合作社的日常工作人员宜少而精，人员的数量素质应由理事会确定。

②厂长（经理）、技术负责人、财务负责人、资产保管员、出纳员的任用、解聘应提交理事会确定。特别是财务人员应统一聘用，经过专业培训，持证上岗，确定其在合作社的行政管理责任及地位。同时，定期考核、评审，确定奖惩及是否续聘。

Q51 如何强化货币资金内部控制制度？

合作社必须根据有关法律法规，结合实际情况，建立健全货币资金内部控制制度。

①合作社应当建立货币资金业务的岗位责任制，明确相关岗位的职责权限。明确审批人和经办人对货币资金业务的权限、程序、责任和相关控制措施。

②合作社收取现金时手续要完备，使用统一规定的收款凭证。合作社取得的所有现金均应及时入账，不准以白条抵库，不准挪用，不准公款私存。

③合作社要及时、准确地核算现金收入、支出和结存，做到账款相符。要组织专人定期或不定期清点核对现金。

④合作社要定期与银行、信用社或其他金融机构核对账目。支票和财务印鉴不得由同一人保管。

Q52 如何建立健全销售业务内部控制制度？

明确审批人和经办人的权限、程序、责任和相关控制措施。

①合作社应当按照规定的程序办理销售和发货业务。应当在销售与发货各环节设置相关的记录，填制相应的凭证，并加强有关单据和凭证的相互核对工作。

②合作社应当按照有关规定及时办理销售收款业务，应将销售收入及时入账，不得账外设账。

③合作社应当加强销售合同、发货凭证、销售发票等文件和凭证的管理。

Q53 如何建立健全存货内部控制制度？

建立保管人员岗位责任制。

①存货入库时，保管员清点验收入库，填写入库单。

②存货出库时，保管员填写出库单，主管负责人批准，领用人签名盖章，保管员根据批准后的出库单出库。

Q54 如何建立健全固定资产内部控制制度?

建立人员岗位责任制。

①应当定期对固定资产盘点清查，做到账实相符，年度终了前必须进行一次全面的盘点清查。

②盘亏及毁损的固定资产，应查明原因，按规定程序批准后，按其原价扣除累计折旧、变价收入、过失人及保险公司赔款之后，计入其他支出。

Q55 如何建立健全借款业务内部控制制度?

明确审批人和经办人的权限、程序、责任和相关控制措施。不得由同一人办理借款业务的全过程。

①合作社应当对借款业务按章程规定进行决策和审批，并保留完整的书面记录。

②合作社应当在借款各环节设置相关的记录，填制相应的凭证，并加强有关单据和凭证的相互核对工作。

③合作社应当加强对借款合同等文件和凭证的管理。

④合作社应当定期或不定期对借款业务内部控制进行监督检查，对发现的薄弱环节，应当及时采取措施，加以纠正和完善。

Q56 生产经营成本、费用等开支的审批制度实施要点有哪些?

合作社的日常开支，要根据不同性质、不同额度分别审批。

例如，目前一部分农民专业合作社费用支出由理事长负责审批，一般经费开支在500元以内，由理事长直接审批；500元以上，经理事会集体审核后，由理事长审批；重大项目建设及投资，由社员（代表）大会讨论通过后，由理事长执行审批手续。办理各项支出，要取得合法的原始凭证，凭证必须有经手人、审批人签字方可入账。

解读

合作社的生产成本是指合作社直接组织生产或对非成员提供劳务等活动所发生的各项生产费用和劳务成本。合作社的经营支出是指合作社为成员提供农业生产资料的购买，农产品的销售、加工、运输、贮藏以及与农业生产经营有关的技术，信息等服务发生的实际支出，以及因销售合作社自己生产的产品，对非成员提供劳务等活动发生的实际成本。管理费用是指合作社管理活动发生的各项支出，包括管理人员的工资、办公费、差旅费、管理用固定资产的折旧、业务招待费、无形资产摊销等。其他支出是指合作社除经营支出、管理费用以外的支出。

Q57 如何建立财务审计制度?

加强审计监督。为了取得广大社员的信任，财务管理必须高度民主化、透明化，要充分发挥监事会作用，有条件的可以引进事务所审计等第三方监督力量。

Q58 内部控制管理的其他规定有哪些?

（1）对投资和重大管理制度改革的可行性论证 合作社必须慎重行事，理事会应聘请有关专家进行认真地研究论证并经社员（代表）大会讨论确定。

（2）加强制度的执行力度 规定管理部门专人负责制度的更新与完善，定期了解各项制度的执行情况，收集反馈意见，确保制度符合实际发展需要。

农民专业合作社的会计核算

三

（一）农民专业合作社现金和银行存款的核算

Q1 现金收入如何进行会计核算？

现金收入包括：①销售商品取得的现金收入；②提供劳务取得的现金收入；③提供非经营性服务取得的现金收入；④单位内部往来的收入；⑤不足转账起点的小额收入等。

设置科目：收到现金时，借记“库存现金”账户，贷记有关账户。

合作社现金收入主要途径：从银行提取现金，收取转账起点以下的零星收入款，职工交回的剩余差旅费款，收取对个人的罚款，无法查明原因的现金溢余等。

【例1】合作社从开户信用社提取现金5 000元备用。

该业务导致合作社现金增加及银行存款减少。会计分录为：

借：库存现金　　5 000

　贷：银行存款　　5 000

【例2】合作社收到成员入社投入现金20万元，会计分录为：

借：库存现金　　200 000

　贷：股金　　200 000

Q2 现金支出如何进行会计核算？

现金支出包括：①职工工资、津贴；②个人劳务报酬；③根据国家规定颁发给个人的科学技术、文化艺术、体育等各种奖金；④各种劳保、福利费用以及国家规定的对个人的其他支出；⑤向个人收购农副产品和其他物资的价款；⑥出差人员必须随身携带的差旅费；⑦结算起点以下的零星支出；⑧中国人民银行确定需要支付现金的其他支出。前款结算起点定为 1 000 元。

设置科目：按照现金开支范围的规定支付现金时，借记有关账户，贷记“库存现金”账户。

【例 3】合作社临时工张军出差时借款 2 000 元，以现金付讫。

合作社借出差旅费，应收款增加，应记入“应收款”账户的借方；同时现金减少，应记入“库存现金”账户的贷方。会计分录为：

借：应收款——张军　　2 000

　贷：库存现金　　2 000

【例 4】某肉鸡养殖专业合作社以 8 000 元 / 吨的价格收购成员肉鸡 50 吨，用现金支付购鸡款 40 万元。会计分录为：

借：产品物资——肉鸡　　400 000

　贷：库存现金　　400 000

Q3 现金如何进行明细分类核算?

为了全面、系统、连续、详细地反映有关现金的收支情况和库存余额，合作社应设置“现金日记账”，有外币业务的还应按外币币种单设“现金日记账”。明细分类核算时，由合作社出纳人员根据审核无误的收付款凭证，按照业务发生的先后顺序逐日逐笔登记，每日终了时计算现金结余金额，并将结余金额与实际库存现金金额进行核对，保证账款相符，由出纳人员逐日逐笔登记。如果发现账款不符，应及时查明原因，并进行处理。月度终了，将“现金日记账”的余额与“现金”总账的余额进行核对，保证账账相符。

Q4 银行存款如何进行总分类核算?

银行存款：本科目核算企业存入银行或其他金融机构的各种款项。其中包括银行汇票存款、银行本票存款、信用卡存款、信用证保证金存款、存出投资款、外埠存款等，在“其他货币资金”科目核算。

设置科目：该账户按不同的结算方式设置明细账户进行明细核算。

合作社银行存款的收付及其结存情况通过“银行存款”账户进行会计核算，该账户的借方登记银行存款的增加，贷方登记银行存款的减少，期末余额在借方，反映合作社期末银行存款的余额。合作社应当严格按照有关制度的规定进行银行存款的核算和管理，将款项存入银行或其他金融机构时，借记“银行存款”账户，贷记“库存现金”等有关账户；提取或支付在银行或其他金融机构中的存款时，借记“库存现金”等有关账户，贷记“银行存款”账户。

【例 5】合作社将 900 元现金存入银行。

该业务导致合作社的现金减少，银行存款增加，应记入“银行存款”账户的借方和“库存现金”账户的贷方。会计分录为：

借：银行存款　　900

　贷：库存现金　　900

【例 6】合作社购买转账支票、现金支票各 1 本，共计 60 元，价款以银行存款支付。

该业务导致管理费用——办公费增加，银行存款减少，会计分录为：

借：管理费用——办公费　　60

　贷：银行存款　　60

【例 7】合作社用银行存款支付为成员提供技术指导的技术人员工资 3 万元。会计分录为：

借：经营支出　　30 000

　贷：银行存款　　30 000

Q5 银行存款如何进行明细分类核算？

为反映有关银行存款收支的情况，合作社应当按照开户银行和其他金融机构等设置“银行存款日记账”，由出纳人员根据审核无误的银行存款收付款凭证，按照业务发生的先后顺序逐日逐笔登记。每日终了时应计算银行存款收入合计、银行存款支出合计及结余数，“银行存款日记账”应定期与银行转来的对账单核对相符，至少每月核对 1 次。

设置“银行存款日记账”。有外币业务的，应在“银行存款”账户下分别设置人民币和各种外币“银行存款日记账”，进行明细分类核算。

（二）农民专业合作社应收款的核算

Q6 应收款项如何进行会计核算？

应收账款：是指企业在正常的经营过程中因销售商品、产品、提供劳务等业务，应向购买单位收取的款项，包括应由购买单位或接受劳务单位负担的税金、代购买方垫付的各种运杂费等。合作社的应收款项是指合作社与外部单位和个人发生的应收及暂付款项，以“应收款”科目核算。

设置科目：应收账款是伴随企业的销售行为发生而形成的一项债权。因此，应收账款的确认与收入的确认密切相关。通常在确认收入的同时，确认应收账款，借方登记合作社应收及暂付外部单位和个人的各种款项，贷方登记已经收回的或已转销的应收及暂付款项，余额在借方，反映尚未收回的应收款项。该账户按不同的购货或接受劳务的单位设置明细账户进行明细核算。

Q7 应收账款如何进行总分类核算?

【例 1】禽业合作社销售一批鸡蛋到某超市，成本 30 000 元，售价 35 000 元，货款尚未收到。会计分录为两笔：一是应收款增加，经营收入增加；二是结转成本，经营支出增加，产品物资减少经营收入增加。

应收款增加，会计分录为：

借：应收款——某超市　　35 000

　贷：经营收入　　35 000

同时清算成本，会计分录为：

借：经营支出　　30 000

　贷：产品物资——鸡蛋　　30 000

【例 2】收到上述业务鸡蛋款 35 000 元，并将货款存入银行。会计分录为：

借：银行存款　　35 000

贷：应收款——某超市　　　　　　　　　35 000

Q8 应收账款如何进行明细分类核算?

在“应收款”科目下，应按不同的外部单位和个人设置明细账，详细反映各种应收款项的情况。合作社对拖欠的应收款项要采取切实可行的措施积极催收。

（三）农民专业合作社成员往来的核算

Q9 成员往来如何进行总分类核算?

成员往来：是指合作社与社员发生的各种应收及暂付款项。设置“成员往来”账户进行核算。“成员往来”是一个双重性质的账户，凡是合作社与所属单位和社员发生的经济往来业务，都通过本账户进行会计核算。也就是说，它既核算合作社与所属单位和社员发生的各种应收及暂付款项业务，也核算各种应付及暂收款项业务。

设置科目：该账户借方登记合作社与所属单位和社员发生的各种应收及暂付款项和偿还的各种应付及暂收款项，贷方登记合作社与所属单位和社员发生的各种应付及暂收款项和收回的各种应收及暂付款项。

①合作社与其成员发生应收款项和偿还应付款项时，借记本科目，贷记“库存现金”“银行存款”等科目；收回应收款项和发生应付款项时，借记“库存现金”“银行存款”等科目，贷记本科目。

②合作社为其成员提供农业生产资料购买服务，按实际支付或应付的款项，借记本科目，贷记“库存现金”“银行存款”“应付款”等科目；按为其成员提供农业生产资料购买而应收取的服务费，借记本科目，贷记“经营收入”等科目；收到成员给付的农业生产资料购买款项和服务费时，借记“库存现金”“银行存款”等科目，贷记本科目。

③合作社为其成员提供农产品销售服务，收到成员交来的产品时，按合同或协议约定的价格，借记“受托代销商品”等科目，贷记本科目。

业务类型：一是合作社应付成员而未付的钱；二是合作社应收成员而未收的钱。

【例 1】某生猪合作社向社员企业甲生猪公司按协议提供饲料 10 吨，成本 15 000 元，售价 16 500 元，价款暂未收到。

销售商品是合作社正常经营活动，该业务导致经营收入增加，同时应收款（成员往来借方）增加。

经营收入增加，会计分录为：

借：成员往来——华丰公司　　16 500

　贷：经营收入　　16 500

同时结转成本，会计分录为：

借：经营成本　　15 000

　贷：产品物资　　15 000

【例 2】社员甲生猪公司向合作社借款 20 000 元，用于周转，合作社从银行转账支付，会计分录为：

借：成员往来——华丰公司　　20 000

　贷：银行存款　　20 000

【例 3】合作社将统一采购的化肥发放给乙成员 5 袋，计款 2 000 元，暂欠。会计分录为：

借：成员往来——乙成员　　2 000

　贷：产品物资　　2 000

【例 4】某肉鸡养殖专业合作社以 2 500 元 / 吨的价格，收取为成员代购饲料 20 吨的购料款，共计 50 000 元；合作社以 2 400 元 / 吨的价格购得饲料 20 吨，期间发生运费及装卸费等费用 500 元，饲料到达后交付成员；合作社收取 1 000 元代购费后，将余款 500 元退回成员。

收到成员交来的代购款时，会计分录：

借：库存现金　　50 000

　贷：成员往来——各成员　　50 000

采购饲料时，会计分录：

借：受托代购商品——饲料　　48 500

　贷：库存现金　　48 500

交付成员饲料时，会计分录：

借：成员往来——各成员　　48 500

　贷：受托代购商品——饲料　　48 500

收取 1 000 元代购费时，会计分录：

借：成员往来　　1 000

　贷：经营收入　　1 000

将余款 500 元退回成员时，会计分录：

借：成员往来　　500

　贷：库存现金　　500

Q10 成员往来如何进行明细分类核算？

为详细反映成员往来业务情况，合作社应按社员设置“成员往来”明细账户，进行明细核算。本科目下属各明细科目的期末借方余额合计数反映成员欠合作社的款项总额；期末贷方余额合计数反映合作社欠成员的款项总额。各明细科目年末借方余额合计数应在资产负债表“应收款项”反映；年末贷方余额合计数应在资产负债表“应付款项”反映。

（四）农民专业合作社材料的核算

Q11 合作社的产品物资主要包括哪些？

农民专业合作社的产品物资包括出入库的材料、商品、包装物和低值易耗品，以及验收入库的农产品，通过“产品物资”账户进行核算。包装物如果使用频繁、数量大，也可增设为一级科目。该账户借方登记外购、自制生产、委托加工完成、盘盈等原因而增加的物资的实际成本，贷方登记发出、领用、对外销售、盘亏、毁损等原因而减少的物资的实际成本，余额在借方，反映期末产品物资的实际成本。

Q12 合作社材料的核算包括哪些？

核算的材料主要包括：外购材料、自制材料、投资者投入材料、生产领用材料、直接出售材料。

设置科目：合作社的材料主要指用于生产经营的种子、化肥、农药等材料。主要设置“产品物资”账户。借记“产品物资——材料”按支付的款项记，贷记“银行存款”或“应付款”“成员往来”等科目。

Q13 外购材料如何进行会计核算？

外购材料：指企业为生产经营而耗用的一切从外部购入的原材料、半成品、辅助材料、包装物、修理用备品备件和低值易耗品等。合作社外购材料，验收入库后，根据发票账单，确定材料成本。其实际成本包括：买价（购入存货发票上所列示的货款金额），运杂费（包括运输费、装卸费、保险费等），运输途中的合理损耗，入库前的挑选整理费用（包括挑选整理过程中发生的工费支出和挑选整理过程中所发生的数量损耗，并扣除回收的下脚料价值），以及按规定应记入成本的税金和其他费用。

【例 1】甲蜂业合作社为加工蜂蜜，购进辅助材料一批，发票注明价款 6 000 元，货款已用银行存款支付。会计分录为：

借：产品物资——材料　　6 000

　贷：银行存款　　6 000

Q14 自制材料如何进行会计核算？

自制材料：指企业自行加工制造供本单位使用的材料。这是因为企业从外部购入的某些材料，由于在品种、规格上不完全符合生产的要求，需要进一步加工改制。自制材料的实际成本包括自制过程中发生的各种原材料、工资和其他费用。

设置科目：自制并验收入库的材料，按生产过程中发生的实际成本，借记“产品物资”科目，贷记“生产成本”科目。

【例 2】合作社自制的 A 材料验收入库，自制成本 20 000 元，会计分录为：

借：产品物资——A 材料　　20 000

　贷：生产成本　　20 000

Q15 投资者投入材料如何进行会计核算?

设置科目：投资者投入的材料，按投资各方协商确认的价值，借记“产品物资——材料”，贷记“股金”科目。

【例 3】大米加工合作社接受社员以稻谷作为入社投资，双方协议作价 8 000 元，会计分录为：

借：产品物资——材料（稻谷）　　8 000

　贷：股金　　8 000

Q16 生产领用材料如何进行会计核算?

设置科目：合作社在生产经营过程中领用材料，按实际成本，借记“生产成本”“管理费用”，贷记“产品物资”科目。

【例 4】某蜂业合作社加工蜂蜜饮料，领用蜂蜜 1 000 千克，单价 20 元。会计分录为：

借：生产成本　　20 000

　贷：产品物资——材料（蜂蜜）　　20 000

Q17 直接出售材料如何进行会计核算?

合作社出售材料，按已收或应收价格，借记“银行存款”“应收款”，按实现销售收入贷记“经营收入”科目。期末，按材料实际成本借记“经营支出”，贷记“产品物资”科目。

【例 5】合作社出售材料一批，价格 15 000 元，已收银行，成本 10 000 元，会计分录为：

借：银行存款　　15 000

　贷：经营收入　　15 000

期末结转成本：

借：经营支出　　10 000

　贷：产品物资　　10 000

（五）农民专业合作社农产品和商品的核算

Q18 农产品如何进行会计核算?

农产品：指生物资产的收获品，其可直接对外出售，可再加工。农产品的成本，如果为一年生农作物，则包括整个生产期间的各项实际支出，如种子、肥料、人工及相关费用；如果为多年生植物，如葡萄，在投产期之前，各项实际支出则计入农业资产价值，投产之后，如明确收获农产品，相关费用则计入该期农产品的成本，否则，计入经营支出。

设置科目：销售农产品时，按已收或应收款借记“银行存款”“应收款”，贷记“经营收入”科目，同时，按实际成本借记“经营支出”，贷记“产品物资”科目。

【例 1】一年生农作物的核算

某水稻种植合作社，在一亩田一季水稻种植过程中，共花费种子50元，肥料200元，农药60元，人工100元，收获水稻500千克。

投入时作会计分录：

借：生产成本	410	
贷：产品物资		310
应付工资		100

收获入库后作会计分录：

借：产品物资——农产品	410	
贷：生产成本		410

【例 2】多年生农作物的核算

某葡萄合作社2010年栽种葡萄10亩，到2011年实际支出物资60 000元，工资20 000元，2011—2012年生产周期实际支出物资10 000元，工资5 000元。2012年7月开始收获，预计可正常产果8年，预计净残值率为5%。

投产之前的各项开支，计入农业资产的价值，会计分录为：

借：林木资产——葡萄树	80 000	
贷：产品物资		60 000
应付工资		20 000

2011—2012年生产周期，各项开支记入产品成本，会计分录为：

借：生产成本	15 000	
贷：产品物资		10 000
应付工资		5 000

2012年收获葡萄15 000千克，摊销本年葡萄树价值，会计分录为：

借：产品物资——葡萄　　　　20 000

　贷：生产成本　　　　20 000

摊销本年葡萄树的折旧，80 000×（1−5%）÷8=9 500，会计分录为：

借：经营支出　　　　9 500

　贷：林木资产——葡萄树　　　　9 500

【例3】前例所收获的葡萄全部对外实现销售，销售价每千克8元，货款已全部收存银行。会计分录为：

借：银行存款　　　　120 000

　贷：经营收入　　　　120 000

期末，结转成本：

借：经营支出　　　　20 000

　贷：产品物资　　　　20 000

Q19 进行会计核算的商品包括哪些？

商品：指合作社已完成全部生产过程并已验收入库，可以作为商品对外销售的产品，以及外购或委托加工完成验收入库用于销售的各种产品。主要包括：从事商品流通合作社商品物资、加工型合作社商品物资。

Q20 商品流通型合作社商品物资如何进行会计核算？

合作社在商品到达验收入库后，按商品进价，借记“产品物资”，贷记“应付款”“成员往来”“银行存款”“库存现金”等科目，发出商品后，结转成本，借记“经营支出”，贷记“产品物资”科目。

【例 4】养鸡合作社向社员甲收购山鸡一批，价格 2 000 元，价款尚未支付。会计分录为：

借：产品物资——山鸡　　2 000

　贷：成员往来——甲　　2 000

同月，这批山鸡实现对外销售，计 2 200 元，款存银行。会计分录为：

借：银行存款　　2 200

　贷：经营收入　　2 200

结转发出商品成本：

借：经营支出　　2 000

　贷：产品物资　　2 000

Q21 加工型合作社商品物资如何进行会计核算?

从事加工生产的合作社，其商品物资主要指产成品，一般应按实际成本进行核算。产成品的收入、发出和销售，平时只记数量不记金额；月度终了，计算入库产成品的实际成本；对发出和销售的产成品，可以采用先进先出法、加权平均法或者个别计价法等方法确定其实际成本。生产完成验收入库的产成品，按实际成本入账。

设置科目：生产完成验收入库的产成品，按实际成本，借记“产品物资”科目，贷记“生产成本”等科目。合作社在销售产成品并结转成本时，借记“经营支出”，贷记“产品物资”科目。

【例 5】蜂业合作社的生产车间将蜂蜜加工成饮料，当月共加工饮料 10 000 箱，实际单位成本 72 元，共计 720 000 元，会计分录为：

借：产品物资　　　　720 000

　贷：生产成本　　　　720 000

同月，上例实现对外销售 5 000 箱，每箱售价 120 元，会计分录为：

借：银行存款　　　　600 000

　贷：经营收入　　　　600 000

月底，结转发出商品的成本：

借：经营支出　　　　360 000

　贷：产品物资　　　　360 000

（六）农民专业合作社成员股金的核算

Q22 如何进行股金的会计核算？

股金：指共同基金发行的次级证券，也指投入合营企业或消费合作社等中的股份资金。股金是合作社收到成员或非成员实际投入合作社的各种资产的价值。

股金的核算内容：收到成员以货币资金投入的股金的核算、收到成员投资股的非货币资产的核算、减少注册资本或成员退股的核算。

设置科目：为了反映投资人实际投入的股金以及股金的增减变化情况，应设置“股金”账户，该账户属所有者权益类账户。

贷方登记实际收到的股金金额以及用资本公积转增的股金数额，借方登记按规定程序减少的股金数额。期末贷方余额反映合作社实际拥有的股金总额。该账户应按合作社成员设置明细账户进行明细核算。

Q23 以货币资金投入的股金如何入账？

货币资金是指库存现金、银行存款和其他货币资金 3 个总账账户的期末余额，具有专门用途的货币资金不包括在内。货币资金指的是在企业生产经营过程中处于货币形态的那部分资金，按其形态和用途不同可分为库存现金、银行存款和其他货币资金。其他货币资金包括外埠存款、银行汇票存款、银行本票存款、信用证保证金存款、信用卡存款、存出投资款等。

合作社收到成员以货币资金投入的股金，按实际收到的金额，借记“库存现金”“银行存款”科目，按成员应享有合作社注册资本的份额计算的金额，贷记本科目，按两者之间的差额，贷记“资本公积”科目。

【例 1】根据合作社和某外单位签订的投资协议，该单位向合作社投资 25 000 元，款存银行。协议约定入股份额占合作社股份的 20%，合作社原有股金 60 000 元。该单位投入到合作社的资金 25 000 元中，能够作为股金入账的数额是：60 000 × 20% ÷（1−20%）=15 000 元，其余的 10 000（即 25 000−15 000）元，只能作为股金溢价，记入“资本公积”账户。会计分录为：

借：银行存款	25 000
贷：股金——法人股金	15 000
资本公积	10 000

Q24 成员投资入股的非货币资产如何入账?

非货币性资产：指货币性资产以外的资产，包括存货、固定资产、无形资产、股权投资以及不准备持有至到期的债券投资等。非货币性资产有别于货币性资产的最基本特征是，其在将来为企业带来的经济利益，即货币金额是不固定的或不可确定的。

合作社收到成员投资入股的非货币资产，按投资评估价格或各方确认的价值，借记“产品物资”“固定资产”“无形资产”等科目，贷记本科目，按成员应享有合作社注册资本的份额计算的金额，贷记本科目，按两者之间的差额，贷记或借记“资本公积”科目。

【例 2】合作社收到成员投入材料一批。评估确认价 13 000 元。

借：产品物资——××材料　　13 000

　贷：股金——个人股金　　13 000

Q25 如何进行减少注册资本的会计处理?

合作社按照法定程序减少注册资本或成员退股时，借记本科目，贷记“库存现金”“银行存款”“固定资产”“产品物资”等科目，并在有关明细账及备查簿中详细记录股金发生的变动情况。

【例 3】合作社付给某农户退股 5 000 元。其中：库存现金支付 1 000 元，从开户行存款支付 4 000 元。

借：股金——个人股金　　5 000

　贷：现金　　1 000

银行存款　　　　　　　　　　　　4000

【例 4】合作社退出成员投入的材料一批，评估确认价 3000 元。

借：股金——个人股金　　　　　　　　3000

　贷：产品物资——××材料　　　　　　3000

（七）农民专业合作社专项基金的核算

Q26 专项基金如何进行会计核算？

专项基金：指合作社通过国家财政直接补助转入和他人捐赠形成的专用基金。

专项基金的会计核算内容：国家财政直接补助资金的核算、收到他人捐赠的核算。

设置科目："专项基金""专项应付款"等。

企业除生产、经营资金来源以外的，从特定来源形成并具有专门用途的资金来源。我国专项基金的来源渠道，根据财会制度可分为 4 种。

（1）企业内部形成　专项基金主要由企业内部形成。一部分是从成本中提取的，包括职工福利基金、大修理基金、更新改造基金；另一部分由企业留利形成的，包括生产发展基金、奖励基金、福利基金、后备基金。

（2）国家拨入　国家拨给企业具有专门用途的专项拨款。包括新产品试制费、中间试验费、主要科学研究费。

（3）专项借款　企业为了完成某项专门工程，在专用资金不足时向银行申请的各项专项借款，包括大修理借款、更新改造借款。

（4）专项应付款 在专项资金使用过程中临时占用的各种应付款项。

Q27 专项基金如何进行具体的会计核算？

（1）国家财政直接补助资金 合作社实际收到国家补助的货币资金时，借记“库存现金”“银行存款”科目，贷记本科目。

【例1】合作社收到国家财政直接补助资金150 000元。

借：银行存款 150 000
　贷：专项应付款 150 000

【例2】合作社用财政补助资金支付成员考察学习费用25 000元。

借：专项应付款 25 000
　贷：银行存款 25 000

【例3】合作社按规定用财政补助资金购买专用设备，支付设备款50 000元。

借：固定资产 50 000
　贷：银行存款 50 000
借：专项应付款 50 000
　贷：专项基金 50 000

【例4】合作社使用国家财政专项补助50 000元建成水果保鲜库房1间，全部支出总计50 000元，工程验收完成交付使用。会计分录为：

借：固定资产 50 000
　贷：在建工程 50 000
借：专项应付款 50 000
　贷：专项基金 50 000

（2）合作社收到他人捐赠 合作社实际收到他人捐赠的货币资金时，借记“库存现金”“银行存款”科目，贷记本科目；收到他人捐赠的非货币资产时，按照所附发票记载金额加上应支付的相关税费，借记“固定资产”“产品物资”等科目，贷记“专项基金”科目；无所附发票的，按照经过批准的评估价值，借记“固定资产”“产品物资”等科目，贷记“专项基金”科目。

【例 5】合作社收到县农业局干部职工捐赠现金 8 000 元。会计分录为：

借：库存现金　　8 000

　贷：专项基金　　8 000

【例 6】合作社收到兴旺集团捐赠水果分离机 1 台，发票价 12 000 元。会计分录为：

借：固定资产——水果分离机　　12 000

　贷：专项基金——捐赠资金　　12 000

（八）农民专业合作社收入的核算

Q28 什么是收入？

我国现行制度采用的是狭义的收入概念，即收入是指企业在日常活动中形成的、会导致所有者权益增加的、与所有者投入资本无关的经济利益的总流入。所涉及的收入，包括销售商品收入、提供劳务收入和让渡资产使用权收入。日常活动是指企业为完成其经营目标所从事的经营性活动以及与之相关的活动。企业非日常活动形成的经济利益的流入不能确认为收入，而应当作为利得。企业代第三方收取的款项，应当作为负债处理，不应当确认为收入。

收入是合作社本期的经营所得，包括经营收入、其他收入、投资收益。

Q29 经营收入如何进行会计核算?

经营收入：指合作社销售产品、提供劳务，以及为成员代购代销、向成员提供技术、信息服务等活动取得的收入。如出售产品的收入、提供服务的收入等。

收入核算的主要内容：经营收入的核算、其他收入的核算、投资收益的核算。

设置科目：设置“经营收入”科目，损益类账户，贷方记本期取得的经营收入，借方记期末转出到“本年盈余”科目的经营收入，期末结转后一般没有余额。本科目应按经营项目设置明细科目，进行明细核算。

合作社实现经营收入时，应按实际收到或应收的价款，借记“库存现金”“银行存款”“应收款”“成员往来”等科目，贷记“经营收入”科目。

Q30 期末如何结转“经营收入”账户?

期末将“经营收入”余额转入“本年盈余”时，应按“经营收入”的余额，借记“经营收入”科目，贷记“本年盈余”科目。

【例 1】合作社本月实现经营收入共计 1 000 000 元，其中，收到存款 500 000 元，收到现金 20 000 元，外单位欠款 400 000 元，与成员往来收入 80 000 元。

合作社实现经营收入时，会计分录为：

借：库存现金　　20 000
　　银行存款　　500 000
　　应收款　　400 000
　　成员往来　　80 000
　贷：经营收入　　1 000 000

期末将本科目余额转入“本年盈余”时，会计分录为：

借：经营收入　　1 000 000
　贷：本年盈余　　1 000 000

Q31 其他收入如何进行会计核算?

其他收入：指合作社除经营收入以外的其他收入。如出售固定资产的净收入、合作社银行存款的利息收入等。

设置科目：设置“其他收入”科目，损益类账户，贷方记本期取得的其他收入，借方记期末转出到“本年盈余”科目的其他收入，期末结转后一般没有余额。本科目应按其他收入的来源设置明细科目，进行明细核算。

【例 2】某生产合作社 2014 年 5 月收到出租设备的收入 10 000 元存入银行。

合作社实现其他收入时，会计分录为：

借：银行存款　　10 000
　贷：其他收入　　10 000

期末将“其他收入”科目余额转入“本年盈余”时，会计分录为：

借：其他收入　　　　　　　　　　　　　10 000

　贷：本年盈余　　　　　　　　　　　　　10 000

Q32 投资收益如何进行会计核算?

投资收益：指合作社对外投资取得的收益或发生的损失。设置“投资收益”科目，损益类账户，应按投资项目设置明细科目，进行明细核算。期末一般没有余额。

【例 3】合作社 2011 年以银行存款对外投资 200 000 元，2013 年 6 月获得投资收益 10 000 元存入银行，2013 年底收回该项对外投资 210 000 元存入银行。

2011 年对外投资的会计分录：

借：对外投资　　　　　　　　　　　　　200 000

　贷：银行存款　　　　　　　　　　　　　200 000

2013 年的会计分录：

合作社取得投资收益时，作分录：

借：银行存款　　　　　　　　　　　　　10 000

　贷：投资收益　　　　　　　　　　　　　10 000

到期收回或转让对外投资时，作分录：

借：银行存款　　　　　　　　　　　　　210 000

　贷：对外投资　　　　　　　　　　　　　200 000

　　　投资收益　　　　　　　　　　　　　10 000

期末，将本科目的余额转入“本年盈余”科目时，作分录：

借：投资收益　　　　　　　　　　　　　20 000

　贷：本年盈余　　　　　　　　　　　　　20 000

如果为净损失，应借记“本年盈余”，贷记“投资收益”。

（九）农民专业合作社费用的核算

Q33 合作社费用如何定义？

费用是指企业在日常活动中发生的、会导致所有者权益减少的、与向所有者分配利润无关的经济利益的总流出。费用按照其功能可以划分为营业成本和期间费用两大部分。费用是合作社本期发生的支出或应负担的费用，包括经营支出、其他支出、管理费用。

Q34 经营支出如何进行会计核算？

经营支出：指事业单位在专业业务活动及辅助活动之外开展非独立核算经营活动发生的支出，通常应按照权责发生制和配比的思路确认。

设置科目：设置“经营支出”科目，损益类科目，本科目应按经营项目设置明细科目，进行明细核算。期末结转后没有余额。

合作社发生经营支出，会计分录为：

借：经营支出

　贷：产品物资、应付工资、成员往来、应付款等科目

期末将“经营支出”科目余额转入“本年盈余”，会计分录为：

借：本年盈余

　贷：经营支出

Q35 管理费用如何进行会计核算？

管理费用：指企业的行政管理部门为管理和组织经营而发生的各项费用，包括管理人员工资和福利费、公司一级折旧费、修理费、技术转让费、无形资产和递延资产摊销费及其他管理费用（办公费、差旅费、劳保费、土地使用税等）。管理费用是合作社发生的办公费、管理部门水电费、业务招待费、管理人员工资等。

设置科目：设置“管理费用”科目，损益类科目，本科目应按管理费用的项目（应付工资、库存现金、银行存款、累计折旧、无形资产等）设置明细科目，进行明细核算。期末结转后没有余额。

【例 1】合作社 2014 年 6 月以存款支付办公水电费 1 000 元和业务招待费 5 000 元，应发放管理人员工资 10 000 元，管理部门设备应提折旧 2 000 元。

发生管理费用，会计分录为：

借：管理费用　　18 000

　贷：银行存款　　6 000

　　　应付工资　　10 000

　　　累计折旧　　2 000

期末将“管理费用”科目余额转入“本年盈余”，会计分录为：

借：本年盈余　　18 000

　贷：管理费用　　18 000

Q36 其他支出如何进行会计核算？

其他支出：指除主营业务以外的其他销售或其他业务所发生

的支出，是指企业取得其他业务收入相应发生的成本。包括其他业务的销售成本、提供劳务所发生的相关成本、费用、营业税金及附加等。其他支出是指合作社除经营支出、管理费用以外的费用支出（利息支出、租金支出、违约支出等）。

设置科目：设置“其他支出”科目，损益类账户，本科目应按其他支出的项目设置明细科目，进行明细核算。期末结转后没有余额。

【例 2】合作社以存款支付违约金 10 000 元，支付银行利息 5 000 元，支付租入设备租金 2 000 元。

合作社发生其他支出，会计分录为：

借：其他支出　　17 000

　贷：银行存款　　17 000

期末将“其他支出”科目余额转入“本年盈余”，会计分录为：

借：本年盈余　　17 000

　贷：其他支出　　17 000

（十）农民专业合作社盈余的核算

Q37 本年盈余如何进行会计核算？

本年盈余：指合作社本年度实现的盈余。设置“本年盈余”科目。

本年盈余的核算内容：结转各项收入、结转各项费用、结转本年净盈余。

Q38 如何结转合作社各项收入？

结转收入就是在报告期末将收入账户余额结转到本年盈余中去。报告期末通常是指月末，工商企业的收入账户主要包括主营业务收入、其他业务收入、营业外收入、投资收益、公允价值变动损益等。结转时，收入账户余额通常在贷方，所以通常结转分录模式为：借：有关收入账户，贷：本年盈余。但是如果收入账户余额在借方，则结转分录为：借：本年盈余，贷：有关收入账户。总之结转后的结果是要使各收入账户没有余额。还需要指出的是，结转收入账户通常同时需要进行结转支出处理。

【例 1】月末结转某肉鸡养殖专业合作社 10 月发生的有关收入：经营收入 1 000 000 元，其他收入 200 000 元，投资收益（净收益）20 000 元。

借：经营收入	1 000 000
其他收入	200 000
投资收益	20 000
贷：本年盈余	1 220 000

Q39 如何结转合作社各项费用？

结转费用就是月末或年底，要把当期 3 项费用结转至本年盈余，费用科目期末结转后无余额。

【例 2】月末结转某肉鸡养殖专业合作社 10 月产生的有关费用：经营支出 400 000 元，其他支出 80 000 元，管理费用 80 000 元。

借：本年盈余	560 000

贷：经营支出　　　　　　　　　　400 000
　　其他支出　　　　　　　　　　80 000
　　管理费用　　　　　　　　　　80 000

Q40 如何结转本年净盈余（净亏损）？

年度终了，将本年净盈余（净亏损）转入“盈余分配”；如为净盈余，借记“本年盈余”科目，贷记“盈余分配——未分配盈余”科目；如为净亏损，作相反会计分录，结转后“本年盈余”科目应无余额。

【例 3】接上例，年末结转时，作会计分录：

借：本年盈余　　　　　　　　　　660 000
　贷：盈余分配——未分配盈余　　　　660 000

Q41 盈余分配如何进行会计核算？

为了反映和监督盈余的分配情况，合作社应设置“盈余分配”科目，本科目设置“各项分配”和“未分配盈余”两个二级科目。年终，进行盈余分配。

①用盈余分配弥补上年亏损，会减少盈余分配数额，增加盈余公积，因此应借记“盈余分配——未分配盈余”账户，贷记“盈余公积”账户。

【例 4】合作社用盈余分配弥补上年亏损 30 000 元。

借：盈余分配——未分配盈余　　　　30 000
　贷：盈余公积　　　　　　　　　　30 000

②将本年实现的净盈余即本年盈余进行结转，借记“本年盈

余”科目，贷记“盈余分配——未分配盈余”科目。

【例 5】合作社本年度实现盈余 12 000 元，年末结转。

借：本年盈余　　　　　　　　　　　　　12 000

　贷：盈余分配——未分配盈余　　　　　　　12 000

③合作社提取盈余公积时，借记“盈余分配——各项分配”科目，贷记“盈余公积”科目。

【例 6】接上例，根据经批准的盈余分配方案，按本年盈余的5%提取公积金，提取金额为 600（即 12 000×5%）元。

借：盈余分配——各项分配——提取盈余公积金　600

　贷：盈余公积　　　　　　　　　　　　　600

④合作社对可分配盈余按照盈余分配方案进行分配，按交易量（额）向成员返还盈余时，借记“盈余分配——各项分配”科目，贷记“应付盈余返还”科目。

【例 7】接上例，根据经批准的盈余分配方案，提取盈余公积后，当年可分配盈余的70%按成员与本社交易额比例返还给成员。

根据成员账户记录的成员与本社交易额比例，分别计算出返还给每个成员的金额为 7 980［即（12 000−600）×70%］元。

借：盈余分配一各项分配——盈余返还　　　　7 980

　贷：应付盈余返还——××成员　　　　　　7 980

⑤按成员出资额和公积金份额等返还剩余盈余时，借记“盈余分配——各项分配”科目，贷记“应付剩余盈余”科目。

【例 8】接上例，根据经批准的盈余分配方案，根据成员账户记录的成员出资额和公积金份额，以及国家财政直接补助和他人捐赠形成的财产按比例分配剩余盈余。

按比例分别计算出分配给每个成员的剩余盈余金额为 3 420（即 12 000−600−7 980）元。

借：盈余分配——各项分配——分配剩余盈余　　3 420

　贷：应付剩余盈余——××成员　　3 420

⑥将各项分配进行结转时，借记“盈余分配——未分配盈余”科目，贷记“盈余分配——各项分配”科目。

【例9】接上例，结转各项分配。

借：盈余分配——未分配盈余　　12 000

　贷：盈余分配——各项分配　　12 000

⑦合作社用盈余公积转增股金时，借记“盈余公积”科目，贷记“股金”。

⑧支付成员年终盈余返还和应分配的剩余盈余时，借记“应付盈余返还”“应付剩余盈余”科目，贷记“库存现金”“银行存款”等科目。

（十一）农民专业合作社牲畜（禽）资产的核算

Q42 如何核算牲畜（禽）资产？

牲畜（禽）资产：指合作社农业资产中的动物资产。主要有幼畜及育肥畜、产畜及役畜等（包括特种水产）。

牲畜（禽）资产核算的内容：牲畜（禽）资产增加的核算、牲畜（禽）资产饲养费用的核算、牲畜（禽）资产转换的核算、牲畜（禽）资产摊销的核算。

设置科目：合作社应设置“牲畜（禽）资产”账户进行核算。本账户应设置“幼畜及育肥畜”“产役畜”两个二级账户，并按牲畜（禽）的种类设置明细账户，进行明细核算。

Q43 牲畜（禽）资产增加如何进行会计核算?

（1）购入的牲畜（禽）资产

【例 1】合作社 2012 年 1 月赊购幼牛 5 头，每头幼牛 600 元。

借：牲畜（禽）资产——幼畜及育肥畜

——幼畜——牛　　3 000

贷：应付款——××　　3 000

（2）投资者投入的牲畜（禽）资产

【例 2】合作社 2012 年 2 月接受光明乳业集团公司投资投入的奶牛 6 头，双方协议确定，每头牛定价为 4000 元，预计仍可产奶 8 年。

借：牲畜（禽）资产——产役畜

——产畜——奶牛　　24 000

贷：股金——光明乳业集团公司　　24 000

（3）接受捐赠的牲畜（禽）资产

【例 3】合作社 2012 年 3 月收到南山牧场捐赠已经产毛的绵羊 10 只，所附发票列明价格为 5 000 元，预计仍可产羊毛 5 年。

借：牲畜（禽）资产——产役畜

——产畜——羊　　5 000

贷：专项基金　　5 000

（4）自产的牲畜（禽）资产

【例 4】生猪合作社饲养母猪 2012 年 2 月产仔 10 头。其整个生产期间饲养工资 200 元，饲料费用 600 元。新生产小猪防疫等费用 500 元，已现金支付。作两笔会计分录：

借：经营支出　　800

贷：产品物资　　600

　　应付工资　　200

借：牲畜（禽）资产——幼畜——猪　　500

　贷：库存现金　　500

Q44 牲畜（禽）资产饲养费用如何进行会计核算？

《农民专业合作社财务会计制度》规定，牲畜（禽）资产的饲养费用要区分以下两种处理方法：一是幼畜及育肥畜的饲养费用资本化，增加牲畜（禽）资产价值；二是产役畜的饲养费用作为当期费用，记入经营支出。

（1）幼畜及育肥畜的饲养费用

【例 5】合作社 2012 年 1 月饲养幼牛费用如下：应付养牛人员工资 2 400 元，喂牛用饲料 3 600 元。

借：牲畜（禽）资产——幼畜及育肥畜

　　——幼畜——牛　　6 000

　贷：应付工资（明细到人）　　2 400

　　　产品物资——饲料　　3 600

（2）产役畜的饲养费用

【例 6】奶牛合作社 2008 年 2 月发生奶牛饲养工资 2 000 元，饲料 5 000 元，其他费用 1 000 元，其他费用已用现金支付。

借：经营支出　　8 000

　贷：应付工资　　2 000

　　　产品物资——饲料　　5 000

　　　库存现金　　1 000

Q45 牲畜（禽）资产转换如何进行会计核算?

现行制度规定，幼畜成龄前，确定为牲畜（禽）资产中的幼畜及育肥畜；幼畜成龄后，要转为牲畜（禽）资产中的产役畜，通过“牲畜（禽）资产”账户进行明细核算。

【例 7】2012 年 1 月 31 日，养牛合作社 10 头幼牛已成龄，转为役畜，预计可使用 10 年，幼牛买价 6000 元，饲养费用 6000 元。

幼牛的成本 =6 000+6 000=12 000

借：牲畜（禽）资产——产役畜

——役畜——牛 12 000

贷：牲畜（禽）资产——幼畜及育肥畜

——幼畜——牛 12 000

幼畜转为产役畜后发生的饲养费用，不再资本化，作为当期费用。

Q46 产役畜成本摊销如何进行会计核算?

合作社产役畜的成本扣除预计残值后的部分，应在其正常生产周期内按直线法摊销，预计净残值率按照产役畜成本的 5%确定。

【例 8】2012 年 2 月，合作社开始摊销成龄奶牛的成本，此时奶牛成本 12 000 元，预计可使用 8 年。

奶牛成本的月摊销额计算：

每年应摊销的金额 =12 000×（1−5%）÷8=1 425

每月应摊销的金额 =1 425÷12=118.75

借：经营支出　　　　　　　　118.75
　贷：牲畜（禽）资产——产役畜
　　　——产畜——奶牛　　　　118.75

（十二）农民专业合作社林木资产的核算

Q47 林木资产的核算应该设置哪些会计科目？

林木资产：指合作社农业资产中的植物资产，主要包括经济林木和非经济林木，其会计核算与牲畜（禽）资产的会计核算基本相似。注意区分经济林木和非经济林木。

经济林木：指以生产干鲜果品、食用油料、饮料、药材和木材等为主要目的的林木。

非经济林木：以利用木材为主要经营目的的林木。

为全面反映和监督合作社林木资产的情况，合作社应设置“林木资产”账户进行核算。该账户的借方登记因购买、营造、接受捐赠等原因而增加的林木资产的成本，以及经济林木投产前、非经济林木郁闭前的培植费用；贷方登记因出售、对外投资、死亡毁损等原因而减产的林木资产的成本，以及经济林木的成本摊销。期末余额在借方，反映合作社购入或营造的林木资产的账面余额。本账户应设置“经济林木”“非经济林木”两个二级账户，并按林木的种类设置明细账户，进行明细核算。其会计核算与牲畜（禽）资产的会计核算基本相似。

Q48 林木资产的主要核算业务有哪些？

现行制度对林木资产的核算作出以下规定。

①购入或营造的经济林木投产前、非经济林木郁闭前发生的培植费用，予以资本化，增加受益林木资产的成本价值。

②合作社经济林木投产之后发生的管护费用，按收入费用配比原则，不再记入“林木资产”账户，而是记入“经营支出”账户借方，同时记入“应付工资”“产品物资”等账户贷方。

③非经济林木郁闭后发生的管护费用，为避免过度资本化积累风险，记入“其他支出”借方。

Q49 合作社的经济林木如何进行会计核算？

（1）购入经济林木　按购买价及相关税费，借记“林木资产”（经济林木），贷记“库存现金”“银行存款”“应付款”等科目；购入或营造的经济林木投产前发生的培植费用，借记“林木资产”（经济林木），贷记“应付工资”“产品物资”等科目。

【例 1】2010 年初，ABC 农民专业合作社从 A 林场购入核桃树苗 1 000 棵植入果园，价款 10 000 元；购入杨树苗 200 棵植于村集体荒山内，价款 5 000 元，以银行存款支付。

借：林木资产——经济林木——核桃树　　10 000
　　　　　　——非经济林木——杨树　　5 000
　贷：银行存款　　15 000

【例 2】2010 年 ABC 农民专业合作社培植核桃发生费用 3 600 元，培植杨树发生费用 1 600 元，均以银行存款支付。

借：林木资产——经济林木——核桃树　　　　　3 600
　　　　　　——非经济林木——杨树　　　　　1 600
　贷：银行存款　　　　　　　　　　　　　　　　5 200

（2）经济林木投产后的管护费用　经济林木投产后发生的管护费用目，借记“经营支出”科目，贷记“应付工资”“产品物资”等科目。

【例 3】2011 年 1 月初，ABC 农民专业合作社以现金支付杨树管护费 130 元，核桃树管护费 400 元。核桃树开始投产，预计可以正常产果 5 年。

借：其他支出　　　　　　　　　　130
　　经营支出　　　　　　　　　　400
　贷：库存现金　　　　　　　　　　530

（3）经济林木摊销　合作社的经济林木投产后，其成本扣除预计残值后的部分应在其正常生产周期内按直线法摊销，预计净残值率按照经济林木成本的 5% 确定。当期摊销的金额借记“经营支出”科目，贷记“林木资产”（经济林木）。非经济林木不进行摊销。

【例 4】2012 年 2 月，ABC 农民专业合作社开始摊销核桃树的成本。

核桃树成本的月摊销额计算如下：

核桃树成本 = 买价 + 培植费 =10 000+3 600=13 600

月摊销额 =13 600×（1−5%）÷ 5 ÷ 12=215.33

借：经营支出　　　　　　　　　　215.33
　贷：林木资产——经济林木——核桃树　　　215.33

Q50 合作社的非经济林木如何进行会计核算？

（1）购入非经济林木 合作社购入非经济林木时，按购买价及相关税费，借记“林木资产”（非经济林木），贷记“库存现金”“银行存款”“应付款”等科目；购入或营造的非经济林木在郁闭前发生的培植费用，借记“林木资产”（非经济林木），贷记“应付工资”“产品物资”等科目。

（2）非经济林木郁闭后的管护费用 借记“其他支出”科目，贷记“应付工资”“产品物资”等科目。

Q51 林木采伐出售如何进行会计核算？

按规定程序批准后，林木采伐出售时，按照实现的销售收入，借记“库存现金”“银行存款”“应收款”等科目，贷记“经营收入”科目；同时，按照出售林木的实际成本，借记“经营支出”科目，贷记“林木资产”科目。

【例 5】2012 年 3 月初，ABC 农民专业合作社将投产的核桃树出售给本村村民张山，价款 50 000 元；经批准将荒山上的杨树全部出售，价款 7 000 元，款项存银行。

出售林木，会计分录为：

借：银行存款　　　　57 000

　贷：经营收入——核桃树　　　　50 000

　　　　　　——杨树　　　　7 000

同时结转成本，会计分录为：

核桃树成本 =13 600−215.33=13 384.67

杨树成本 =5 000+1 600=6 600

借：经营支出　　19 984.67

　贷：林木资产——经济林木　　13 384.67

　　　　　　　——非经济林木　　6 600

Q52 以林木对外投资如何进行会计核算？

以林木对外投资时，按照合同、协议确定的价值，借记“对外投资”科目，贷记“林木资产”科目，合同或协议确定的价值与林木资产账面余额之间的差额，借记或贷记“资本公积”科目。

Q53 林木死亡毁损如何进行会计核算？

林木死亡毁损时，按规定程序批准后，按照过失人及保险公司应赔偿的金额，借记“成员往来”“应收款”科目，如发生净损失，则按照扣除过失人和保险公司应赔偿金额后的净损失，借记“其他支出”科目，按照林木资产的账面余额，贷记“林木资产”科目；如产生净收益，则按照林木资产的账面余额，贷记“林木资产”科目，同时按照过失人及保险公司应赔偿金额超过林木资产账面余额的金额，贷记“其他收入”科目。

如发生净损失，会计分录为：

借：应收款（过失人及保险公司应赔偿的金额）

　　其他支出（扣除过失人和保险公司应赔偿金额后的净损失）

　贷：林木资产（林木资产的账面余额）

如产生净收益，会计分录为：

借：应收款（过失人及保险公司应赔偿的金额）

贷：林木资产（林木资产的账面余额）

其他收入（过失人及保险公司应赔偿金额超过林木资产账面余额的金额）

（十三）农民专业合作社固定资产增加的核算

Q54 固定资产核算的主要内容有哪些？

固定资产：指合作社的房屋、建筑物、机器、设备、工具、器具和农业基本建设设施等劳动资料，凡使用年限在一年以上，单位价值在500元以上的列为固定资产。有些主要生产工具和设备，单位价值虽低于规定标准，但使用年限在一年以上的也可列为固定资产。

固定资产增加的核算包括购入固定资产的核算、自行建造固定资产的核算、改建扩建固定资产的核算、投资者投入固定资产核算、接受捐赠固定资产的核算。

Q55 固定资产如何计算计量价值？

合作社固定资产的取得方式包括购入、自行建造、接受捐赠、扩建改造、投资者投入和盘盈等。取得的方式不同，其成本的具体确定方法也不尽相同，按照《农民专业合作社财务会计制度》的规定，成本确定方法如下。

①购入的固定资产，不需要安装的，按实际支付的买价加采

购费、包装费、运杂费、保险费和缴纳的有关税金等计价；需要安装或改装的，还应加上安装费或改装费。

②新建的房屋及建筑物、农业基本建设设施等固定资产，按竣工验收的决算价计价。

③接受捐赠全新的固定资产，应按发票所列金额加上实际发生的运输费、保险费、安装调试费和应支付的相关税金等计价；无所附凭据的，按同类设备的市价加上应支付的相关税费计价。接受捐赠旧的固定资产，按照经过批准的评估价值或双方确认的价值入账。

④在原有固定资产基础上进行改造、扩建的，按原有固定资产的价值，加上改造、扩建工程而增加的支出，减去改造、扩建工程中发生的变价收入计价。

⑤投资者投入的固定资产，按照投资各方确认的价值计价。

Q56 购入的固定资产如何进行会计核算？

购入不需要安装的固定资产，按实际支付的买价加采购费、包装费、运杂费、保险费和交纳的有关税金等，借记“固定资产”科目，贷记“银行存款”“应付款”等科目；购入需要安装的固定资产，要先通过“在建工程”科目核算其实际购置和安装成本，待安装完毕交付使用时再转入“固定资产”科目。

【例 1】合作社购入需要安装设备 1 台，以银行存款支付购置费 60 000 元，以现金支付运输费用 1 000 元、安装费用 4 000 元。

支付设备价款、运输费用、安装费用合计 65 000 元。

借：在建工程　　65 000

　贷：银行存款　　60 000

库存现金　　5 000

安装完工、验收合格交付使用后，按实际成本转账。

借：固定资产——××设备　　65 000

　贷：在建工程　　65 000

Q57 自行建造的固定资产如何进行会计核算？

按竣工验收的决算价计价。合作社自营工程主要通过“在建工程”科目进行核算，“在建工程”科目主要核算合作社为工程所发生的实际支出，以及改扩建工程等转入的固定资产净值。

【例 2】大华养猪合作社新建猪栏 10 幢，购入红砖、钢筋、水泥等建筑材料一批，支付价款共计 600 000 元，全部用银行存款支付，建设过程中领用建筑材料 500 000 元，为猪栏建设支付劳务费用 50 000 元，尚未付款，另支付工程水电费 7 000 元，现金支付。工程完工，验收并交付使用。

购入工程用建筑材料时，会计分录为：

借：库存物资　　600 000

　贷：银行存款　　600 000

工程开工，领用建筑材料时，会计分录为：

借：在建工程——自营工程　　500 000

　贷：库存物资　　500 000

应付建设工程劳务费用时，会计分录为：

借：在建工程——自营工程　　50 000

　贷：应付款　　50 000

支付工程水电费时，会计分录为：

借：在建工程——自营工程　　7 000

贷：库存现金　　　　　　　　　　　　　　7 000

房屋工程完工，验收合格后交付使用时，会计分录为：

借：固定资产——猪栏　　　　　　　　　557 000

贷：在建工程——自营工程　　　　　　　　557 000

Q58 接受捐赠的固定资产如何进行会计核算？

合作社接受捐赠的固定资产，按照所附发票所列金额加上应支付的相关税费，借记“固定资产”科目，贷记“专项基金”科目；如果捐赠方未提供有关凭据，则按其市价或同类、类似固定资产的市场价格估计的金额，加上由合作社负担的运输费、保险费、安装调试费等作为固定资产成本，借记“固定资产”科目，贷记“专项基金”科目。

【例 3】合作社接受某单位捐赠已使用过的地秤 1 台，原价 4 500 元，目前市场同类产品估价 3 500 元，合作社负担运费 200 元。

计算合作社接受捐赠产品成本，以市场同类产品估价加上由合作社负担的各项费用合计：3 500+200=3 700。

借：固定资产——地秤　　　　　　　　3 700

贷：专项基金　　　　　　　　　　　3 500

库存现金　　　　　　　　　　　　200

Q59 国家财政直接补助资金形成固定资产如何进行会计核算？

合作社用其接受的国家财政直接补助资金，建造固定资产。在接受财政补助资金时，借记“银行存款”科目，贷记“专项应付款”科目；固定资产建造过程中发生的支出通过“在建工程”科目核算，待固定资产建造完成，交付使用时，将“在建工程”转入“固定资产”科目，同时，借记“专项应付款”科目，贷记“专项基金”科目。

【例 4】合作社接受国家补助资金项目 100 000 元，项目规定该项资金全部用于建造冷库，合作社购买建设冷库用建筑材料 50 000 元，制冷设备 80 000 元，建设冷库过程中，领用建筑材料金额总计 50 000 元，直接支付建筑工人劳务费 20 000 元，冷库建设后期，领用制冷设备进行安装，并支付安装费用 10 000 元，全部工程支付水电费 5 000 元，冷库建设完毕验收合格，投入使用。

收到国家补助资金时，会计分录为：

借：银行存款　　100 000

　贷：专项应付款　　100 000

购买建筑材料时，会计分录为：

借：产品物资——建筑材料　　50 000

　贷：银行存款　　50 000

购买制冷设备时，会计分录为：

借：产品物资——制冷设备　　80 000

　贷：银行存款　　80 000

建设冷库，领用建筑材料时，会计分录为：

借：在建工程　　50 000

　贷：产品物资——建筑材料　　50 000

支付工人劳务费时，会计分录为：

借：在建工程　　20 000

　贷：银行存款　　20 000

领用并安装制冷设备时，会计分录为：

借：在建工程　　　　　　　　　　　　　　90 000
　贷：产品物资——制冷设备　　　　　　　　80 000
　　　银行存款　　　　　　　　　　　　　10 000

支付工程水电费时，会计分录为：

借：在建工程　　　　　　　　　　　　　　5 000
　贷：银行存款　　　　　　　　　　　　　5 000

工程完工，交付使用时，会计分录为：

借：固定资产——冷库及设备　　　　　　　165 000
　贷：在建工程　　　　　　　　　　　　　165 000
借：专项应付款　　　　　　　　　　　　　100 000
　贷：专项基金　　　　　　　　　　　　　100 000

Q60 改建、扩建的固定资产如何进行会计核算?

合作社由于生产经营的需要，有时需对原有固定资产进行改建或扩建。对于在改建扩建过程中拆除部分的固定资产价值，从理论上讲，应该从原有的固定资产价值中扣除，但在实际工作中，为了简化核算工作，一般情况下不予扣除。改建扩建后的价值按原有固定资产的账面原值，加上由于改建扩建而增加的支出，减去改建扩建过程中发生的变价收入后的余额作为固定资产的原值。在原有固定资产的基础上进行改建扩建，不增加固定资产数量，只增加其价值。合作社进行固定资产的改建扩建，可以自营，也可以采取发包方式进行。

【例 5】合作社为了扩大生产规模，决定对原有食品加工车间进行扩建，该车间的原值为 700 000 元，已提折旧 200 000 元，以银行存款支付拆除费用 50 000 元，收回材料变价收入 10 000 元存入银行。该车间扩建承包给某建筑公司，合同规定一次性支付其扩建材料、人工及管理费等价款共计 500 000 元。

将原车间转入扩建时，会计分录为：

借：在建工程　　500 000

　　累计折旧　　200 000

　贷：固定资产　　700 000

支付拆除费用时，会计分录为：

借：在建工程——出包工程　　50 000

　贷：银行存款　　50 000

收到拆除材料的变价收入时，会计分录为：

借：银行存款　　10 000

　贷：在建工程——出包工程　　10 000

以银行存款支付承包单位承包费用时，会计分录为：

借：在建工程——出包工程　　500 000

　贷：银行存款　　500 000

扩建工程完工验收合格，车间厂房交付使用时，会计分录为：

借：固定资产——车间厂房　　1 040 000

　贷：在建工程——出包工程　　1 040 000

Q61 投资者投入的固定资产如何进行会计核算?

投资者作为资本投入新的固定资产，按照投资各方确认的价值，借记本科目，按照经过批准的投资者所应拥有以合作社注册资本份额计算的资本金额，贷记“股金”科目，按照两者之间的差额，借记或贷记“资本公积”科目。投入旧的固定资产，按照投资各方确认的固定资产价值净额，借记“固定资产”科目。按照经过批准的投资者所应拥有以合作社注册资本份额计算的资本金额，贷记“股金”科目，按照两者之间的差额，借记或贷记“资本公积”科目。

【例 6】合作社收到成员王一投入全新的设备 1 台，确认价格为 1 000 元，经过成员大会批准，王一拥有以合作社注册资本份额计算的资本金额 800 元。

借：固定资产——××设备　　1 000
　贷：股金　　800
　　　资本公积　　200

（十四）农民专业合作社固定资产折旧的核算

Q62 固定资产折旧是如何进行规定的？

固定资产折旧是指在固定资产使用寿命内，按照确定的方法对应计提折旧额进行系统分摊。《农民专业合作社财务会计制度》规定，合作社必须建立固定资产折旧制度，按年或按季、按月提取固定资产折旧。一般来说，经济业务少的，可按年提取折旧；经济业务较多的，可按季或按月提取折旧。不论怎么计算，其所提折旧费应保证对固定资产损耗价值的补偿。

固定资产折旧包括固定资产折旧的范围、不计提折旧的固定资产、固定资产折旧的计算方法、固定资产折旧的会计核算。

Q63 固定资产折旧的范围有何规定?

（1）合作社应计提折旧的固定资产　主要包括：①房屋和建筑物（不论是否使用）；②在用的机械、机器设备、运输车辆、工具器具；③季节性停用和大修理停用的固定资产，其中，季节性使用的固定资产，要在使用期内提足全年折旧；④融资租入和以经营租赁方式租出的固定资产。

（2）不计提折旧的固定资产　主要包括：①房屋和建筑物以外的未使用、不需用的固定资产；②以经营租赁方式租入和以融资租赁方式租出的固定资产；③已提足折旧继续使用的固定资产；④国家规定不提折旧的其他固定资产；⑤固定资产应当按月计提折旧，并根据用途分别计入相关资产成本或当期费用。

合作社在实际计提固定资产折旧时，当月增加的固定资产，当月不提折旧，从下月起计提折旧；当月减少的固定资产，当月仍提折旧，从下月起停止计提折旧。固定资产提足折旧后，不论能否继续使用，均不再提取折旧；提前报废的固定资产，也不再补提折旧。处于更新改造过程中而停止使用的固定资产，因已经转入在建工程，不计提折旧，待更新改造项目达到预计可使用状态转为固定资产后，再按重新确定的折旧方法和尚可使用的年限计提折旧。

Q64 固定资产折旧如何计算?

按照《农民专业合作社财务会计制度》规定，固定资产的折旧方法可在“平均年限法”“工作量法”等方法中任选一种。折旧方法一经选定，不得随意变动。提取折旧时，可以采用个别折旧率，也可以采用分类折旧率或综合折旧率计提。

Q65 固定资产折旧如何进行会计核算?

合作社的固定资产，不论采用哪种折旧方法、按哪种折旧率计提折旧，到月末或季末、年末，都应该按其用途和使用地点计入有关的支出项目，以便使固定资产损耗价值得到及时补偿。合作社生产经营用固定资产计提的折旧，记入“生产成本”科目；管理用固定资产计提的折旧，记入“管理费用”科目；公益性用途等固定资产计提的折旧，记入“其他支出”科目。借记“生产成本”“管理费用”“其他支出”科目，贷记“累计折旧”科目。

【例1】合作社本年应计提固定资产折旧29 600元，其中生产经营用固定资产折旧21 600元，管理用固定资产折旧3 000元，公益性固定资产折旧5 000元。

借：生产成本	21 600	
管理费用	3 000	
其他支出	5 000	
贷：累计折旧		29 600

（十五）农民专业合作社固定资产减少的核算

Q66 固定资产减少核算包括哪些主要内容?

固定资产减少是指因实物形态消失或因所有权发生转移，而需注销账面原值，保持账实相符的情况。合作社在生产经营过程中，对不适用或不需用的固定资产，通过对外出售的方式进行处置；对由于使用而不断磨损直到最终报废，或由于技术进步等原因发生提前报废，或由于遭受自然灾害等非正常损失发生毁损的固定资产及时进行清理，都会造成固定资产的减少。另外，合作社以固定资产对外投资、发生固定资产盘亏等也会造成固定资产的减少。合作社对各种情况下的固定资产减少都要及时进行核算，加强管理。

固定资产减少的核算包括出售、报废和毁损固定资产的核算、投资转出固定资产的核算、盘亏固定资产的核算。

Q67 出售、报废和毁损固定资产如何进行会计核算?

为了核算合作社因出售、捐赠、报废和毁损等原因转入清理的固定资产净值及其在清理过程中所发生的清理费用和清理收入，设置“固定资产清理”科目。本科目应按被清理的固定资产设置明细科目，进行明细核算。本科目期末余额，反映合作社转入清理但尚未清理完毕的固定资产净值，以及固定资产清理过程中所发生的清理费用和变价收入等各项金额的差额。

【例 1】合作社将 1 台不用的载货汽车对外出售。其账面原值为 60 000 元。累计已提折旧 24 000 元，协议价 40 000 元，收到价款转存银行，另以现金支付设备运杂费用 500 元。

固定资产转入清理，注销原价及累计折旧时，会计分录为：

借：固定资产清理　　　　36 000

　　累计折旧　　　　24 000

　贷：固定资产　　　　60 000

发生清理费用时，会计分录为：

借：固定资产清理　　500

　贷：库存现金　　500

出售汽车收入时，会计分录为：

借：银行存款　　40 000

　贷：固定资产清理　　40 000

结转该机器清理净收益时，会计分录为：

借：固定资产清理　　3 500

　贷：其他收入　　3 500

Q68 投资或捐赠转出固定资产如何进行会计核算?

对外投资转出固定资产时，应按评估确认或合同、协议约定的价值借记。“对外投资”科目，按已提折旧数额借记“累计折旧”科目，按投资转出的固定资产账面原值贷记“固定资产”科目，评估确认的价值或合同、协议约定价值与净值之间的差额贷记或借记“资本公积”科目。合作社将现有固定资产捐赠转出时，应首先通过“固定资产清理”科目，对捐出固定资产的账面价值、发生的清理费用及应缴纳的相关税费等进行核算，捐赠项目完成后，再将“固定资产清理”科目的余额转入“其他支出”科目，借记“其他支出”科目，贷记“固定资产清理”科目。

【例 2】合作社向外单位投资 1 台全新的设备，双方协议价 100 000 元，该设备账面原值 90 000 元。

借：对外投资　　100 000（协议价）

　贷：固定资产　　90 000（账面原值）

　　　资本公积　　10 000（差额）

Q69 盘亏固定资产如何进行会计核算？

合作社在财产清查中盘亏的固定资产，应查明原因。按已提折旧额借记“累计折旧”科目，按其原价贷记“固定资产”科目，按其原价扣除累计折旧、过失人及保险公司赔款后的差额借记“其他支出”科目。

【例 3】合作社在财产清查中，盘亏柴油机 1 台，原价 1 800 元，已提折旧 800 元。经查明属保管人员看护过失，决定由其赔偿现金 300 元。

借：库存现金	300	
其他支出	700	
累计折旧	800	
贷：固定资产		1 800

（十六）农民专业合作社的会计报表

Q70 会计报表的概念是什么？

会计报表是反映合作社某一特定日期财务状况和某一会计期间经营成果的书面报告。合作社应按照规定准确、及时、完整地编制会计报表，向登记机关、农村经营管理部门和有关单位报送，并按时置备于办公地点，供成员查阅。

农民专业合作社会计报表包括资产负债表、盈余及盈余分配表、成员权益变动表（成员账户）、财务状况说明书等。

Q71 会计报表的规定有哪些？

①合作社应编制资产负债表、盈余及盈余分配表、成员权益变动表、科目余额表和收支明细表、财务状况说明书等。

②合作社应按登记机关规定的时限和要求，及时报送资产负债表、盈余及盈余分配表和成员权益变动表。

③各级农村经营管理部门，应对所辖地区报送的合作社资产负债表、盈余及盈余分配表和成员权益变动表进行审查，然后逐级汇总上报，同时附送财务状况说明书，按规定时间报农业部。

Q72 资产负债表的格式是什么？

资产负债表的格式见表3。

表3 资产负债表

年 月 日

会农社01表

编制单位： 元

资产	行次	年初数	年末数	负债及所有者权益	行次	年初数	年末数
流动资产：				**流动负债：**			
货币资金				短期借款			
应收款项				应付款项			
存货				应付工资			
流动资产合计				应付盈余返还			
对外投资：				应付剩余盈余			
农业资产：				流动负债合计			

续表

资产	行次	年初数	年末数	负债及所有者权益	行次	年初数	年末数
牲畜（禽）资产				**长期负债：**			
林木资产				长期借款			
农业资产合计				专项应付款			
固定资产：				长期负债合计			
固定资产原值				负债合计			
减：累计折旧				**所有者权益：**			
固定资产净值				股金			
固定资产清理				专项基金			
在建工程				资本公积			
固定资产合计				盈余公积			
无形资产：				未分配盈余			
				所有者权益合计			
资产总计				负债和所有者权益总计			

资产负债表补充内容见表4。

表4　资产负债表补充内容

项目	金额
无法收回、尚未批准核销的应收款项	
盘亏、毁损和报废、尚未批准核销的存货	
无法收回、尚未批准核销的对外投资	
死亡毁损、尚未批准核销的农业资产	
盘亏、毁损和报废、尚未批准核销的固定资产	
毁损和报废、尚未批准核销的在建工程	
注销和无效、尚未批准核销的无形资产	

编制资产负债表应注意的问题如下。

①表 3 反映了合作社一定日期全部资产、负债和所有者权益状况。

②表 3 “年初数”栏内各项数字，应根据上年末资产负债表“年末数”栏内所列数字填列。如果本年度资产负债表规定的各个项目的名称和内容同上年度不相一致，应对上年末资产负债表各项目的名称和数字按照本年度的规定进行调整，填入本表“年初数”栏内，并加以书面说明。

③以下是表 3 “年末数”各项目的内容及其填列方法。

第一，“货币资金”项目，反映合作社库存现金、银行结算账户存款等货币资金的合计数。本项目应根据“库存现金”“银行存款”科目的年末余额合计填列。

第二，“应收款项”项目，反映合作社应收而未收回和暂付的各种款项。本项目应根据“应收款”和“成员往来”各明细科目年末借方余额合计数合计填列。

第三，“存货”项目，反映合作社年末在库、在途和在加工中的各项存货的价值，包括各种材料、燃料、机械零配件、包装物、种子、化肥、农药、农产品、在产品、半成品、产成品等。本项目应根据“产品物资”“受托代销商品”“受托代购商品”“委托加工物资”“委托代销商品”“生产成本”科目年末余额合计填列。

第四，“对外投资”项目，反映合作社的各种投资的账面余额。本项目应根据“对外投资”科目的年末余额填列。

第五，“牲畜（禽）资产”项目，反映合作社购入或培育的幼畜及育肥畜和产役畜的账面余额。本项目应根据“牲畜（禽）资产”科目的年末余额填列。

第六,“林木资产”项目,反映合作社购入或营造的林木的账面余额。本项目应根据“林木资产”科目的年末余额填列。

第七,“固定资产原值”项目和“累计折旧”项目,反映合作社各种固定资产原值及累计折旧。这两个项目应根据“固定资产”科目和“累计折旧”科目的年末余额填列。

第八,“固定资产清理”项目,反映合作社因出售、报废、毁损等原因转入清理但尚未清理完毕的固定资产的账面净值,以及固定资产清理过程中所发生的清理费用和变价收入等各项金额的差额。本项目应根据“固定资产清理”科目的年末借方余额填列;如为贷方余额,本项目数字应以“-”号表示。

第九,“在建工程”项目,反映合作社各项尚未完工或虽已完工但尚未办理竣工决算和交付使用的工程项目实际成本。本项目应根据“在建工程”科目的年末余额填列。

第十,“无形资产”项目,反映合作社持有的各项无形资产的账面余额。本项目应根据“无形资产”科目的年末余额填列。

第十一,“短期借款”项目,反映合作社借入尚未归还的一年期以下(含一年)的借款。本项目应根据“短期借款”科目的年末余额填列。

第十二,“应付款项”项目,反映合作社应付而未付及暂收的各种款项。本项目应根据“应付款”科目年末余额和“成员往来”各明细科目年末贷方余额合计数合计填列。

第十三,“应付工资”项目,反映合作社已提取但尚未支付的人员工资。本项目应根据“应付工资”科目的年末余额填列。

第十四,“应付盈余返还”项目,反映合作社按交易量(额)应支付但尚未支付给成员的可分配盈余返还。本项目应根据“应付盈余返还”科目的年末余额填列。

第十五，“应付剩余盈余”项目，反映合作社以成员账户中记载的出资额和公积金份额，以及本社接受国家财政直接补助和他人捐赠形成的财产平均量化到本社成员的、应支付但尚未支付给成员的剩余盈余。本项目应根据“应付剩余盈余”科目的年末余额填列。

第十六，“长期借款”项目，反映合作社借入尚未归还的一年期以上（不含一年）的借款。本项目应根据“长期借款”科目的年末余额填列。

第十七，“专项应付款”项目，反映合作社实际收到国家财政直接补助而尚未使用和结转的资金数额。本项目应根据“专项应付款”科目的年末余额填列。

第十八，“股金”项目，反映合作社实际收到成员投入的股金总额。本项目应根据“股金”科目的年末余额填列。

第十九，“专项基金”项目，反映合作社通过国家财政直接补助转入和他人捐赠形成的专项基金总额。本项目应根据“专项基金”科目年末余额填列。

第二十，“资本公积”项目，反映合作社资本公积的账面余额。本项目应根据“资本公积”科目的年末余额填列。

第二十一，“盈余公积”项目，反映合作社盈余公积的账面余额。本项目应根据“盈余公积”科目的年末余额填列。

第二十二，“未分配盈余”项目，反映合作社尚未分配的盈余。本项目应根据“本年盈余”科目和“盈余分配”科目的年末余额计算填列；未弥补的亏损，在本项目内数字以“-”号表示。

Q73 盈余分配表的格式是什么？

盈余分配表的格式见表 5。

表 5　盈余及盈余分配表

年

会农社 02 表

编制单位：元

项目	行次	金额	项目	行次	金额
本年盈余			盈余分配		
一、经营收入			四、本年盈余		
加：投资收益			加：年初未分配盈余		
减：经营支出			其他转入		
管理费用			五、可分配盈余		
二、经营收益			减：提取盈余公积		
加：其他收入			盈余返还		
减：其他支出			剩余盈余分配		
三、本年盈余			六、年末未分配盈余		

编制盈余及盈余分配表应注意的问题如下。

①表 5 反映了合作社一定期间内实现盈余及其分配的实际情况。

②表 5 主要项目的内容及填列方法如下。

第一，“经营收入”项目，反映合作社进行生产、销售、服务、劳务等活动取得的收入总额。本项目应根据“经营收入”科目的发生额分析填列。

第二，“投资收益”项目，反映合作社以各种方式对外投资所取得的收益。本项目应根据“投资收益”科目的发生额分析填列；如为投资损失，以“-”号填列。

第三，“经营支出”项目，反映合作社进行生产、销售、服务、劳务等活动发生的支出。本项目应根据“经营支出”科目的发生额分析填列。

第四，“管理费用”项目，反映合作社为组织和管理生产经营服务活动而发生的费用。本项目应根据“管理费用”科目的发生额分析填列。

第五，“其他收入”项目和“其他支出”项目，反映合作社除从事主要生产经营活动以外而取得的收入和支出，本项目应根据“其他收入”和“其他支出”科目的发生额分析填列。

第六，“本年盈余”项目，反映合作社本年实现的盈余总额。如为亏损总额，本项目数字以“-”号填列。

第七，“年初未分配盈余”项目，反映合作社上年度未分配的盈余。本项目应根据上年度盈余及盈余分配表中的“年末未分配盈余”数额填列。

第八，“其他转入”项目，反映合作社按规定用公积金弥补亏损等转入的数额。本项目应根据实际转入的公积金数额填列。

第九，“可分配盈余”项目，反映合作社年末可供分配的盈余总额。本项目应根据“本年盈余”项目、“年初未分配盈余”项目和“其他转入”项目的合计数填列。

第十，“提取盈余公积”项目，反映合作社按规定提取的盈余公积数额。本项目应根据实际提取的盈余公积数额填列。

第十一，“盈余返还”项目，反映按交易量（额）应返还给成员的盈余。本项目应根据“盈余分配”科目的发生额分析填列。

第十二，“剩余盈余分配”项目，反映按规定应分配给成员的剩余可分配盈余。本项目应根据“盈余分配”科目的发生额分析填列。

第十三，“年末未分配盈余”项目，反映合作社年末累计未分配的盈余。如为未弥补的亏损，本项目数字以“-”号填列。本项目应根据“可分配盈余”项目扣除各项分配数额的差额填列。

Q74 成员权益变动表（成员账户）的作用是什么？

成员账户是合作社为每位成员设置的往来明细账户，记录合作社与成员的一切往来业务，包括合作社收取成员的股金、合作社为成员提供的服务、合作社与成员的交易量（交易额）、合作社提取的公积金、接受捐赠及接受国家扶持资金等量化为成员的份额、合作社给成员的盈余返还及剩余盈余返还额等。农民专业合作社为每个成员设立单独账户进行核算。

成员账户的主要作用如下。

①通过成员账户，可以分别核算成员与合作社的交易量（额），为成员参与盈余分配提供依据。根据《农民专业合作社法》第二十条规定，合作社成员享有按照章程规定或者成员大会决议分享盈余的权利。第四十四条规定，合作社的可分配盈余应该按成员与本社的交易量（额）比例返还，返还总额不得低于可分配盈余的60%。而返还的依据是成员与本社的交易量（额）。因此，分别核算每个成员与合作社的交易量（额）是十分重要的。

②通过成员账户，可以分别核算成员的出资比例和公积金变化情况，为成员承担责任提供依据。根据《农民专业合作社法》第五条规定，农民专业合作社成员以其账户内记载的出资额和公积金份额为限对农民专业合作社承担责任。在合作社因各种原因解散而清算时，成员如何分担合作社的债务，都需要根据其成员账户的记载情况来确定。

③通过成员账户，可以为附加表决权的确定提供依据。根据

《农民专业合作社法》第二十一条规定，出资额或者与本社交易量（额）较大的成员按照章程规定，可以享有附加表决权。只有对每个成员的交易量和出资额进行分别核算，才能确定各成员在总交易额中的份额或者在出资总额中的份额，进而确定附加表决权的分配办法。

④通过成员账户，可以为处理成员退社时的财务问题提供依据。《农民专业合作社法》第二十七条规定，成员资格终止的，农民专业合作社应当按照章程规定的方式和期限，退还记载在该成员账户内的出资额和公积金份额；对成员资格终止前的可分配盈余，依照《农民专业合作社法》第四十四条的规定向其返还。只有为成员设立单独的账户，才能在其退社时确定其应当获得的公积金份额和盈余返还份额。

Q75 成员权益变动表的格式是什么？

成员权益变动表即为成员账户，其格式见表 6。

表 6　成员账户

成员姓名：　　　　联系地址：　　　　第　　页

编号	年		摘要	成员出资	公积金份额	形成财产的财政补助资金量化份额	捐赠财产量化份额	交易量		交易额		盈余返还金额	剩余盈余返还金额
	月	日						产品1	产品2	产品1	产品2		
1													
2													
3													
4													
5													
年终合计													
			公积金总额：					盈余返还总额：					

编制成员账户应注意的问题如下。

①表 6 反映了合作社成员入社的出资额、量化到成员的公积金份额、成员与本社的交易量（额）以及返还给成员的盈余和剩余盈余金额。

②年初将上年各项公积金数额转入，本年发生公积金份额变化时，按实际发生变化数填列调整。“形成财产的财政补助资金量化份额”“捐赠财产量化份额”在年度终了或合作社进行剩余盈余分配时，根据实际发生情况或变化情况计算填列调整。

③成员与合作社发生经济业务往来时，“交易量（额）”按实际发生数填列。

④年度终了，以“成员出资”“公积金份额”“形成财产的财政补助资金量化份额”“捐赠财产量化份额”合计数汇总成员应享有的合作社公积金份额，以“盈余返还金额”和“剩余盈余返还金额”合计数汇总成员全年盈余返还总额。

Q76 财务状况说明书的主要内容有哪些?

财务状况说明书是对合作社一定会计期间生产经营、提供劳务服务以及财务、成本情况进行分析说明的书面文字报告。合作社应于年末编制财务状况说明书，对年度内财务状况做出书面分析报告，进行全面系统的分析说明。财务状况说明书没有统一的格式，但其内容至少应涵盖以下几个方面。

（1）合作社生产经营服务的基本情况 包括合作社的股金总额、成员总数、农民成员数及所占的比例、主要服务对象、主要经营项目等情况。

（2）成员权益结构

①理事长、理事、执行监事、监事会成员名单及变动情况。

②各成员的出资额，量化为各成员的公积金份额，以及成员入社和退社情况。

③企事业单位或社会团体成员个数及所占的比例。

④成员权益变动情况。

（3）其他重要事项

①变更主要经营项目。

②从事的进出口贸易。

③重大财产处理、大额举债、对外投资和担保。

④接受捐赠。

⑤国家财政支持和税收优惠。

⑥与成员的交易量（额）和与利用其提供的服务的非成员的交易量（额）。

⑦提取盈余公积的比例。

⑧盈余分配方案、亏损处理方案。

⑨未决诉讼、仲裁。

农民专业合作社生产经营

四

（一）农民专业合作社提供农资服务及组织销售成员产品

Q1 合作社如何提供农资服务？

农民专业合作社提供的农资服务主要包括种子、肥料、加工设备、农机等购买服务。

合作社联系厂家，向厂家直接购买，可以减少不必要的中间环节、节省成本；也可以向批发商进行购买，比农户零售购买也要便宜不少；合作社可以组建关系网，把厂商、合作社、农户联系到一起，这样就能送货上门，减少合作社库存、减少用地。

相关要点如下：①合作社可以根据各自情况收取一定的手续费或者管理费。②合作社可采取两种农资供应方式：成员预定后由合作社统一购买；合作社购买农资后再卖给成员。③合作形式可以采取签订正式的契约。④结算方式可以采取每笔结算或定期结算。

案例

浙农集团的两个合作社

——“县级运营中心＋村级服务站＋农户”的农资服务模式

浙农集团在嘉兴桐乡、金华婺城参与的两个粮食合作社，都实现从农资供应到田间服务、农户培训的全套服务，通过“县级运营中心＋村级服务站＋农户”的一整套运作模式，帮助农民实现代买、代卖，以及便民服务，让农民真正享受到电子商务所带来的便捷和实惠。

（1）**利用手机、电脑等终端的用户进行个性化服务定制** 及时提供全程作物解决方案，并且进行个性化定制农技服务。这样不仅可以帮助农户快捷、高效地解决问题，还可以供厂家在产品推广时使用，帮他们省去很多技术服务上的成本。

（2）**进行精准营销** 在网站上为农资企业开设商铺，同时在商铺上设置企业专家，农户对产品有任何疑问可以直接向这些专家提问，达到精准营销的目的。

（3）**搭建信息平台，提供农业相关资讯** 在互联网平台上，为用户及时提供和解读农业相关的政策、新闻等，特别注意对于农户来说，要加强信息解读的比重。

Q2 合作社如何组织销售成员产品？

解决农产品销售难问题是许多合作社成立的初衷，产品销售是许多合作社的最主要功能。

（1）合作社组织销售成员产品的方式

①代销 成员把产品交给合作社，合作社把产品统一售出后再向成员付费。

②买断 成员把产品出售给合作社，合作社立即支付费用。

③中介 合作社为成员提供销售信息，仅起到中介作用，成员直接向收购商出售产品。

在定价方式上，合作社可以根据自身情况采取最低价收购的方式，也可以随行就市。

（2）销售队伍建设 在销售队伍建设上，应该按照分类指导、分级负责的原则，制定培训规划，采取学历教育、远程教育和短期进修等多种形式，重点培养合作社市场营销人才，建立一支合作社专业市场营销队伍。

案例

皖南竹乡土特产产销专业合作社
——解决产品销售难问题

皖南竹乡土特产产销专业合作社成立于2008年12月，现有成员310户，带动农户近千户，总资产1000多万元，主要从事生态“土鸡”养殖。合作社对成员实行“五统一”经营服务，即统一供应苗种，统一供应饲料和药品，统一生产技术、出栏标准和免疫程序，统一注册商标和申报有机产品，统一产品加工销售。合作社主要为农户提供饲料和收购（代销）土鸡，在销售方面实行让利于农，薄利多销的做法，成立购销代理中心，解决产品的销售问题。有效解决了合作社销售难的问题。

（二）农民专业合作社建立农产品生产基地

Q3 农产品生产基地选择的要求有哪些？

农产品生产基地是以某类农产品的销售或是加工企业为依托，人为或客观地形成的具有一定生产规模的农产品生产区域。农产品生产基地选择的要求有如下几点。

（1）规模　农民专业合作社强调生产的专业化和种植的区域化，所以应尽量使基地成方连片，形成一定的规模。

（2）管理　合作社应实行统一标准化生产，推行农资供应、病虫害防治、从播种到收获的一条龙统一服务等。

（3）运作模式　基地建设与合作社的日常管理相统一的运作模式，如“合作社＋公司＋农户”“公司＋合作社＋农户”等合作模式，实现基地的生产、经营与管理的一体化发展。

Q4 农产品生产基地的类型有哪些？

（1）传统产业提升型　这是一种依托传统产业，为适应市场需求的变化，通过技术创新及调整产品结构达到良种化工程。在加强品牌建设的同时，延长合作社农产品或者农机具的产业链，实现传统产品的提质增效，带动农产品的规模化发展。

（2）龙头企业带动型　通过与当地的龙头企业合作，或者在政府的扶持下发展农产品加工龙头企业，加强市场体系建设，增强农产品生产基地与龙头企业的配合发展。

（3）工商企业投资型　由于近年来土地流转制度不断健全完善，越来越多的涉农企业通过租赁土地的使用权，投资兴办优势农产品生产基地。

（4）科技人员领办型　政府部门（如农委）有些懂农业技术的工作人员，合作社可以通过申请政府提供科学的种植技术指导，或者直接由这些人与当地的农业种植高手联合带动领办。

（5）合作社创建型　目前，许多合作社都是根据自己的经营项目建立了生产基地。

Q5 建设农产品生产基地时应注意哪些问题？

（1）以市场为导向 市场是调节经济的杠杆，要根据市场的现实需求和潜在需求来选择生产项目，发展优质、安全、生态、方便、营养的农产品。在销售方式上采取线上与线下的双重订单方式，扩大本基地产品的市场占有率。

（2）因地制宜 根据比较优势的原则，按照当下流行的“一村一品、一乡一业”发展模式制定当地的区域规划，发挥本地的资源、经济或者市场技术等优势，依托优势农产品的专业化生产区域，推进优势、特色农产品加工业发展，逐步形成农产品生产和加工产业带，实现农产品加工与原料基地的有机结合。

（3）适度规模经营 通过核心示范区的建设，引导农户向优势产区集中，实现小生产大规模。

（4）标准化生产 推行标准化生产和产品质量认证，包括绿色食品认证以及无公害食品认证等。在农产品生产的过程中，实行标准化生产，达到培训、种植、施药、施肥与采收的统一结合。品牌对市场销售的影响力度很大，所以要积极培育具有地方特色的名牌农产品，提高生产基地产品的市场知名度和市场竞争力。

（三）农民专业合作社申请绿色食品认证

Q6 合作社申请绿色食品认证的规定有哪些？

国家绿色食品认证机关是农业部中国绿色食品发展中心。

（1）申请人资格 申请人必须是企业法人，社会团体、民间组织、政府和行政机构等不可作为绿色食品的申请人。同时，申请人还应该具备以下条件：具备绿色食品生产的环境条件和技术条件；生产具备一定规模，具有较完善的质量管理体系和较强的抗风险能力；如果是加工企业申请，必须生产经营1年以上。

（2）产品条件

①农产品及农产品的原料产地必须符合绿色食品生态环境质量标准。

②农作物种植、畜禽饲养、水产养殖及食品加工必须符合绿色食品生产操作规程。

③农产品必须符合绿色食品产品标准。

④农产品的包装、贮运必须符合绿色食品包装、贮运条件。

（3）产品要求 按国家商标类别划分的第5、第29、第30、第31、第32、第33类中的大多数产品都可以申请认证。

①肉、家禽、野味、肉汁、水产品、罐头、腌制和干制水果及制品、腌制和干制蔬菜、蛋品、奶及乳制品、食用油脂、沙司、食用果胶，但不包括活的动物、婴儿食品和医用营养品。

②酵母、调味用香料、食用淀粉及制品、冰制食品、食盐、酱油、醋、咖啡及其代用品、可可、茶、糖、糖浆、蜂蜜、面包糕点、米、面粉及其他谷类制品、豆制品、芥末、味精、沙司等调味品、搅稠奶油的制剂、嫩肉粉、家用嫩肉粉。

③加工的谷物及农产品、活生物、未加工的水果及干果、新鲜蔬菜、种子、麦芽。

④啤酒、矿泉水、汽水及其他不含酒精的饮料、水果饮料及果汁、固体饮料、糖浆及其他供饮料用的制剂，但不包括医

用饮料。

⑤含酒精的饮料。

暂不受理油炸方便面、叶菜类酱菜（盐渍品）、火腿肠及作用机理不甚清楚的产品（如减肥茶）的申请，由转基因原料生产（饲养）加工的任何产品均不受理。

Q7 合作社申请绿色食品认证的流程是什么？

绿色食品认证流程：

认证申请→受理及文审→现场检查、产品抽样→环境监测→产品检测→认证、评审、颁证

①认证申请　合作社理事长或者负责人向中国绿色食品发展中心及其所在省（自治区、直辖市）的绿色食品办公室、绿色食品发展中心（以下简称省绿办）领取《绿色食品标志使用申请书》及有关资料，或者直接从网站（www.greenfood.org.cn）下载，并向所在省绿办递交《绿色食品标志使用申请书》、保证执行绿色食品标准和规范的声明、生产操作规程、公司对“基地＋农户”的质量控制体系、产品执行标准、产品注册商标文本（复印件）、企业营业执照（复印件）、企业质量管理手册等材料。

②现场检查、产品抽样　中国绿色食品发展中心同权威的环境保护机构，对上述材料进行审核。审核合格后由中国绿色食品发展中心指定的食品检测机构对其申报产品进行抽样，并依据绿色食品质量和卫生标准进行检测，对不合格的当年不再受理其申请。

③认证审核、评审、颁证　中国绿色食品发展中心对质量和

卫生检测合格的农产品进行综合审查（含实地核查），并与符合条件的申请人签订“绿色食品标识使用协议”。由农业部颁发绿色食品标识使用证书及编号，报国家工商行政管理总局商标局备案，并公告于众。

绿色食品认证所需要的费用：①认证费。同一企业申报的同类别的第三个产品开始为系列产品，以下同。非系列产品每个产品 8 000 元；系列初级产品每个产品 1 000 元；系列加工产品每个产品 2000 元或 3000 元。②标志使用费。每年 1 000 元左右。③环境检测费。按规模不同费用也不同，一般为 1 000 ~ 3 000 元。④产品检测费。一般为 2 000 ~ 3 000 元。

如果是国家扶贫地区的企业或国家扶贫企业可有些优惠。

案例

赣州市金色阳光脐橙专业合作联社
——绿色食品认证

赣州市金色阳光脐橙专业合作联社成立于 2010 年，是由深圳市金色阳光现代农业有限公司与赣南果农合作组建而成，专门从事赣南脐橙种植、加工、销售、物流于一体的专业化合作社。农产品脐橙安全新鲜、绿色无污染，而且合作社坚持秉承绿色食品的生产理念，坚持不催熟、不染色、不打腊，向消费者提供原汁原味的原始果。绿色食品认证加速了“金色阳光”品牌的推广。目前全国已建立了北京、上海、广州、新疆等 19 个分公司和办事处，并与家乐福、沃尔玛等 10 多家世界零售巨头注册了“金色阳光”品牌，建立了战略合作关系。“金色阳光”在消费者心中形成“安全、新鲜、好吃”的品牌形象。

（四）农民专业合作社申请注册商标

Q8 合作社申请注册商标的途径是什么？

农民专业合作社一般以集体的方式进行商标注册，这样商标的所有权属于集体。

申请注册集体商标有两条途径：①委托国家认可的商标代理机构办理；②申请人直接到商标局的商标注册大厅办理。

由于商标注册的手续比较复杂，加之注册时间长，因此合作社注册商标最好找专业的代理机构，通过专业人员指导，可以降低注册风险，提高商标注册的成功率。

Q9 合作社申请商标注册需要的材料有哪些？

合作社申请商标注册需要以下 7 类材料。

①商标注册申请书 1 份。

②集体商标申请人主体资格的文件及复印件，或者加盖申请人印章的有效复印件。

③以地理标志作为集体商标的，应当在申请书件中说明下列内容：该地理标志所标示的商品的特定质量、信誉或者其他特征；该商品的特定质量、信誉或者其他特征与该地理标志所标示的地区的自然因素和人文因素的关系；该地理标志所标示的地区的范围。

④集体商标使用管理规则。

⑤商标图样 5 张，要求图样清晰、规格为长和宽不小于 5 厘米并不大于 10 厘米。若指定颜色，则为彩色图样 5 张，并附黑白墨稿 1 张。

⑥如申请注册的集体商标是人物肖像，应附送经过公证的肖像权人同意将此肖像作为商标。

⑦合作社营业执照复印件。

Q10 合作社申请商标注册的流程是什么？

农民专业合作社商标注册的申请程序如下。

先对商标进行查询，如果没有相同或相近的，就可以制作申请文件，递交申请

↓

申请递交后的 1 ～ 3 个月，商标局会下发一个申请受理通知书，即审查阶段

↓

审查完毕后，就进入实质审查阶段，这个阶段大概需要一年半

↓

如果实质审查合格，就进入公告程序

↓

公告期满，无人提异议的，商标局就会核准注册，下发商标注册证

案例

北京大山鑫港核桃种植专业合作社
——商标注册

北京大山鑫港核桃种植专业合作社由211户农民与3家企业联合组成，逐渐形成了“公司＋合作社＋农户”的产、供、销一体化模式。该合作社的主要产品有“京一”纸皮核桃、“京一”有机核桃油、核桃工艺品与文玩核桃等。

早在2007年3月，合作社就成功注册了门头沟第一个核桃商标“京一”。目前，“京一”核桃已经占据了大半的北京市场份额，核桃的价格也从每千克6元上涨到40元。“京一”核桃商标的注册，不仅扩大了该合作社农产品的市场占有率和知名度，而且还为社员带来了丰厚的利润，目前每亩核桃产值万元以上，社员人均纯收入增加20000余元。“京一”核桃专卖店在北京已经有7家。凭借着注册商标和品牌的影响，大山鑫港核桃种植专业合作社发展得有声有色。

（五）农民专业合作社开展信用合作

Q11 合作社开展信用合作的组织机构是什么？

农民专业合作社信用合作的最高权力机构是参加信用合作的全体成员大会，合作社信用合作成员大会每年至少召开一次，由理事会召集。信用合作成员大会行使以下职权：①制定和修改农民专业合作社信用合作资金的筹集、使用及管理办法，并将其纳入合作社章程；②听取农民专业合作社理事会信用合作工作报告；③审议农民专业合作社信用合作管理制度；④审议、批准农民专业合作社信用合作收益分配方案。

农民专业合作社信用合作成员大会决议委托农民专业合作社理事会为合作社信用合作的执行机构，并接受参与信用合作成员的监督。农民专业合作社理事会开展信用合作工作时行使以下职权：①设立合作社信用合作审批部门；②安排专人负责、开设专门账户、实行专款专用；③办理成员缴纳的信用合作资金，办理同业存放；④代表农民专业合作社接受社会捐赠、财政扶持资金等；⑤办理成员借款和结算。

Q12 合作社开展信用合作遵守的原则是什么？

（1）对内不对外　资金互助对象必须严格限于合作社内部成员，非本社成员决不允许入股或借款。

（2）吸股不吸储　参加资金股互助的成员只能以入股的方式加入，以其所入股金对互助金运营的风险承担相应责任。

（3）分红不分息　对于入股互助金的成员不能设置类似利息的固定回报，仅能以其所入股金享受分红。

（4）围绕产业发展　借款用途只能用于成员发展生产，必须限于与本合作社生产经营活动相关的用途。

Q13 合作社如何开展信用合作？

农民专业合作社开展信用合作包括资金筹集、资金使用、投放程序、使用费率、收益分配、风险防范和融资担保。

（1）资金筹集 农民专业合作社信用合作资金的筹集，包括吸纳成员股金、接受社会捐赠和财政扶持资金等。每个成员可以入1股或多股，每股金额由农民专业合作社自行确定，单个成员入股金额原则上不得超过信用合作资金总额的20%。成员缴纳股金必须以货币出资，不得以实物、贷款或其他方式入股。农民专业合作社应向入股成员发放记名股金证，作为成员的入股凭证，并建立信用合作成员名册。成员持有的股金和积累在本合作社内部可以转让、继承和赠予，但理事、监事持有的股金和积累在任职期限内不得转让。吸纳股金可根据成员的资金需求情况，一年吸纳1～2次，不搞常年吸股。

（2）资金使用 农民专业合作社的信用合作资金仅限于内部成员有偿使用，主要用于解决成员生产需要，优先支持本社成员投资创业和发展生产。在满足成员借用需求后如有富余，可存放银行业金融机构，也可以按规定的程序购买国债和金融债券。农民专业合作社不得向非成员和企事业单位及其他组织吸收和投放资金，不得用本社的资产为非成员和企事业单位及其他组织提供任何形式的经济担保。

（3）投放程序 信用合作资金只向参加信用合作的成员投放。资金投放程序可以参照金融部门的做法，建立健全严格的借款申请、论证、会办、审批、担保制度，做到放前调查、放时审查、放后检查、逾期追查。理事会应明确专人对信用合作资金借用成员有关情况（包括产品销路、经营状况、信用程度、偿还能力等）进行可行性调查论证，并签署意见，经理事会研究同意方可借用，参加信用合作的成员享有平等借款权利。对申请借款的成员，应坚持“前款不还，后款不借”的原则，促其按期还款。

（4）使用费率 成员借用信用合作资金应收取资金使用费，其标准可参照农村信用社同期同档利率，不得随意提高使用费标准，真正体现信用合作资金不以营利为目的的服务宗旨。

（5）收益分配 农民专业合作社要依照《农民专业合作社财务会计制度（试行）》，对信用合作资金单独建账，独立核算和管理，年末如实编制收益分配方案。收益首先按一定比例提取风险准备金和盈余公积金，然后在成员间进行分配，收益的大部分应返还给资金所有者。风险准备金可按年度放款余额不低于 30% 的比例提取，盈余公积金可按本年净收益的一定比例提取。剩余收益应按成员股金和成员积累总额进行分配，不参加信用合作的成员，不享受信用合作所产生的利润分配。

（6）风险防范 为有效防止资金风险，信用合作资金的投放应坚持小额、短期的原则，投放额度应掌握在该成员的入股资金的 5 倍左右，投放期限一般为 3 ~ 6 个月或一个生产周期，最长不超过 1 年。为保证资金安全，农民专业合作社应建立信用合作资金投放担保制度，由参加信用合作的成员按借款的等额相互担保，借款者不能按期归还的，用担保者的等额股金抵还。建立健全投放清收责任制，实行谁投放谁清收，包投放包清收，凡无法收回的信用合作资金，用投放者的股金予以偿还。风险准备金可存入商业银行或信用社。在风险防范上要参照金融机构的做法，明确相关指标，严格进行风险管理。资金投放种养业的，其投放对象应按国家规定的险种参加保险，以化解和降低投放风险。

（7）融资担保 支持农民专业合作社以“股权信贷”方式与商业银行、信用社等正规金融机构实现对接，发挥农民专业合作社的担保功能，与商业性金融机构和信用社建立融资担保机制，农民专业合作社作为一个由成员组成的多户信用联保载体，可以运用联保、担保基金和风险保证金等联合增信方式，以及借助担保公司、农业产业化龙头企业等相关农村市场主体作用，为成员开展比例信贷担保，向商业性金融机构融资，以扩大成员融资的担保范围和融资渠道。

（六）农民专业合作社信息化建设及电子商务的开展

Q14 合作社如何推进信息化建设？

（1）积极构建合作社产供销一体化物流管理系统　合作社只种植是远远不够的，利润比较少，而且还具有一定的风险性。合作社要想盈利，必须要延长产业链，逐步向产供销全程延伸。根据提前拿下的销售订单，合理安排种植计划，并且严格按照订单的要求进行生产、库存和配送管理。在农产品高产的同时，还能为全体社员带来更多的收益。所以合作社要积极建立农产品从生产到销售环节的基本信息体系，实现产供销的全程信息化管理，努力向农业产业化经营靠拢，把农产品的生产、流通、加工及销售各环节联系起来，这样也就能解决合作社的生产与市场脱节的问题。

（2）积极构建合作社的管理溯源系统　农产品安全的关键环节需要通过解决农产品质量安全信息不对称问题和责任追究等问题来逐步实现。通过在农产品上标注二维码或者条形码等，可以让消费者通过网络查询追溯农产品的产地、产品批次编号、原材料编号等多角度的质量安全信息。

（3）积极构建合作社信息服务系统　选择能够适应农业和农

村需求特点的“低成本、广覆盖、低功耗、易维护”的信息技术和网络设备，建立专门的合作社网站。合作社可以通过该网站积极宣传农民专业合作社法及其相关政策法规，树立和宣扬合作社典型及成功的合作社案例。扩大合作社的影响力度，吸引更多的农民入社，达到更大的规模效益。还要同时推进合作社财务管理和办公自动化建设，加大电商平台建设，增加互联网订单销售，开辟合作社产品销售新渠道。

案例

北京绿菜园蔬菜专业合作社
——创建二维码绿色履历系统和拓展销售渠道

北京绿菜园蔬菜专业合作社在信息化建设方面有比较成功的经验。首先，该合作社首创了二维码绿色履历系统，在蔬菜的外表上粘贴绿色履历标签，通过传感器和影像采集工具，将农产品生产信息定时上传到绿色履历软件平台上，以二维码的形式存储起来。用户通过扫描二维码，就可以清楚地追溯到农产品的各个环节。其次，在销售管理上采取多种模式拓展销售渠道。绿菜园合作社专门成立了蔬菜销售部负责成员和基地的蔬菜销售任务。2008年5月，合作社投资5000元建立了绿菜园蔬菜批发网，利用网络进行品牌推广和产品销售。合作社还开创了农宅对接职能配送柜销售模式，以北京双花园小区、莱蒙湖等中高档小区为试点，并安装了智能配送柜。消费者可以通过合作社网站订购所需的农副产品，合作社根据订单将消费者所订购的产品直接放到小区的智能柜里，智能柜会自动通知消费者取菜，并将相关信息反馈到合作社。

北京绿莱园蔬菜合作社对信息化的充分利用提高了经济效益，为全体社员带来了不少的利润，值得其他合作社学习。

Q15 合作社如何发展电子商务?

发展电子商务有3种模式：合作社自办网站、网上开店、网上联合社营销。

合作社发展电子商务的重点工作有以下4类。

（1）树立品牌 转变农民专业合作社的管理观念和经营观念，积极加大特色农产品的开发，形成品牌效应：①充分发掘农产品的优势，打造核心竞争力；②积极加大电子商务的布局，推动农副产品的网上零售，形成线上和线下两个流通渠道，并且积极与淘宝网等知名电商网站合作，以寻求新的农业合作模式；③争取成为淘宝网有机认证的优质商家，提升产品知名度，扩大市场占有率。

（2）加强电子商务人才的引进和培养 人才的匮乏是农民专业合作社进入电子商务的最大障碍。着重加强对农村外出务工或接受过高等教育的年轻人的培养。可以建立小规模的电脑室，帮助大家了解电子商务的流程以及开店的手续和网店的推广与包装等知识；同时也可以聘请专业人士代为运营网店。

（3）加强相关配套措施的建立 ①注重包装和加工。网上销售的农产品因为期间涉及一个运输问题，所以要注重包装和加工。②加强物流建设。物流要最快地把新鲜、绿色的农副产品送到消费者手中，这是农副产品网销化的关键。③加大资金配套支持。做大、做强品牌，必须有资金的支持，农民专业合作社可以通过信用贷款加大对电子商务开发和运营的投资。

（4）开辟市场 积极借助网络了解市场动态、供求信息、寻找客源，进一步打开销售市场。

案例

绥滨县和田水稻种植专业合作社
——发展电商

绥滨县和田水稻种植专业合作社通过下行，利用农技宝等平台为农民提供技术、市场信息、政策等方面的服务，整合农产品资源，创建农产品销售平台，扩大农产品销路。通过上行，创建电子商务平台，并整合全县电子商务平台资源，实施连锁经营，销售农产品（五谷杂粮）、山产品（木耳、榛子）、水产品（黑龙江鱼）、畜产品（肉鹅、鸭蛋）等，使全县有机农产品销量大增，2015 年比上一年增长 50%。

采取线上与线下相结合的新营销模式。采取 O2O（线上线下）、B2C（企业对个人）、B2B（企业对企业）、C2C（个人对个人）等销售模式，进行线上引导线下消费。

线上销售的主要做法：①引进电商人才。②合作社借助“互联网 +”，建立追溯系统，提供产品质量追溯信息，实现产品的全生命周期追溯。③通过扫描二维码进入微信公众平台，节假日发送相关内容的段子或小故事，吸引消费者眼球。④定期咨询。顾客可以到网站随时了解最新的产品咨询，更系统直观地了解产品。⑤优惠活动。可以到网上下载优惠券或进行有奖问卷活动，并与用户进行 BBS 畅谈。⑥兑换积分。可以根据会员卡的积分定期到网站兑换超值礼品。⑦ B2T（在线团购）。⑧新品销售先在网站试销。

在品牌推广方面利用县域内的所有媒体进行推广，积极参与全国各大农产品的展销会、订货会，把绥滨大米、绥望大米品牌推广到全国各地。同时，采用多网合作模式，建立独立的网络平台，并与全国知名电商平台进行有效的合作及推广。

（七）农民专业合作社发展农超及农校对接

Q16 合作社如何发展农超对接？

从目前的实践来看，各地农民专业合作社发展农超对接，坚持政府引导，市场化运作。政府给予政策、人员及车辆支持。根据不同地区经济发展水平、连锁商业企业实力、城乡居民收入水平等实际情况，采取不同的发展模式稳步推进。在大中型城市选择部分大型连锁商业企业和部分农民专业合作社进行鲜活农产品“农超对接”试点。以大型连锁超市为基础，与农民专业合作社相结合，建立新型农产品流通渠道，贸农结合，以商促农，促进连锁企业产业链的延伸和农产品供应链的整合。一般来讲，发展农超对接通常经历以下程序。

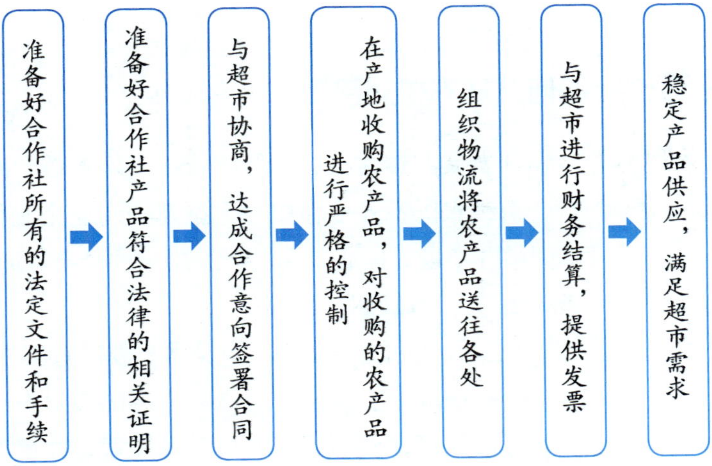

案例

家乐福超市农超对接模式
——“超市 + 合作社 + 农民”

家乐福农超对接的核心是通过合作社来组织农民的产品，即“超市 + 合作社 + 农民”模式。从 2008 年开始，家乐福食品安全基金会每月在一个省举办一次农超对接培训班。农超对接依据采购半径的不同，设计了两个采购系统，即全国农超对接采购部门和地区农超对接采购部门。前者主要采购水果和适合于长距离运输的蔬菜，如苹果、梨、橙子、干果、马铃薯和反季节蔬菜等；后者则重点采购城市周边的蔬菜和当地名优水果。

Q17 合作社如何发展农校对接？

农民专业合作社发展农校对接，一般要依托当地各级政府职能部门协调配合，组织农民专业合作社、大型连锁商业企业和当地高校，通过定期举办专场对接洽谈会、产品展示推介会等形式，为有关各方搭建对接平台，疏通对接渠道。

农民专业合作社应该从以下几方面的工作入手，发展农校对接。

（1）合作社必须保证供应的数量和质量 了解高校对农产品的需求，严格按照标准生产，不够规模的可以发展联合社确保农产品质量，高校消费群体具有集中、规模庞大等特点，合作社必须保证供应的数量和质量才能与学校合作。

（2）发展完善信息平台 一方面，通过信息平台宣传展示自己；另一方面，通过信息平台与高校等充分沟通。

（3）联合多家合作社向学校供应蔬菜 学校食堂要保证菜色荤素搭配、营养健康，所以高校对农产品种类要求非常高，这就是农校合作的障碍之一，可以联合多家合作社，联合向学校供应蔬菜。

（4）扩大宣传渠道 接洽政府和相关媒体单位，扩大合作社的影响力，同时寻找更多的合作机会。

（5）积极申报农校对接的各类项目 关注学校的农校对接采购平台。

（6）关注大型配送中心的对接信息 主动联系，积极申报。

案例 1

甘肃农民专业合作社农校对接
——合作社发展建设综合信息服务平台

农校对接最直接的获利者当属靖远聚和蔬菜种植销售专业合作社。李小鹏作为甘肃靖远县聚和蔬菜种植销售专业合作社的理事长，他表示甘肃农民专业合作社综合信息服务平台是促成这次农校对接合作成功的关键。农校对接的兰州理工大学起初对合作社并不完全了解，也没有时间到各地进行实地考察，兰州理工大学利用网络搜索的方式找寻合作对象，最后将合作对象锁定为靖远聚和蔬菜种植销售专业合作社。兰州理工大学的负责人表示，通过甘肃农民专业合作社综合信息服务平台，合作社的蔬菜种植过程、种植环境等信息都可以一目了然。登陆平台，就可以将蔬菜相关的信息尽收眼底，对于兰州理工大学饮食物资采购人员来说，对蔬菜的质量自然放心。

案例 2

上海交通大学开展农校对接

上海交通大学在开展农校对接工作中，主要分成四个阶段稳步推进。第一阶段，搭建农校对接采购平台，让更多的农产品基地、蔬菜合作社、农产品生产企业及农产品实验基地等部门参与。第二阶段，组织分管领导和采购工作组直接到农产品生产基地、蔬菜合作社和农产品生产企业进行现场考察、分析和评估。第三阶段，依据对参与单位的评估报告，选择部分单位签订采购合作协议，部分单位签订后备采购合作协议。第四阶段，定期开展对合作单位进行供货情况工作的复评（在每年的3月或7月进行）。主要从产品品种、服务情况、质量优劣、价格合理、供货能力等方面进行复评，评审机构由饮食中心管理部、采供部、财务部、食堂代表和“农校对接”工作负责人组成。确保采购农产品的质量，完善对农产品的询价工作，使实现农校双赢成为可能。

（八）农民专业合作社的农业生产标准化

Q18 合作社生产标准化的好处有哪些?

农业生产标准化是指以农业为对象的标准化活动。具体来说，是指为了有关各方面的利益，对农业经济、技术、科学、管理活动中需要统一、协调的各类对象，制订并实施标准，使之实现必要而合理的统一的活动。其目的是将农业的科技成果和多年的生产实践相结合，制订成“文字简明、通俗易懂、逻辑严谨、便于操作”的技术标准和管理标准向农民推广，最终生产出质优、量多的农产品供应市场，不但能使农民增收，同时还能很好地保护生态环境。

农民合作社生产标准化的好处主要有以下几点。

（1）提高农产品质量安全水平 通过统一管理、配送农药、化肥等，降低药物使用率，不使用禁用农兽药，使得所生产出来的农产品质量安全符合标准要求。

（2）广泛应用农业先进技术 标准是先进技术和成功生产经验的载体，并经过广泛论证，由政府审批发布。应用标准的过程，就是采纳和吸收优良技术经验的过程。生产基地通过转化、培训、应用标准，将实现按先进、科学的技术组织生产。

（3）促进组织化生产、品牌化销售 按标准化要求组织的农业生产，因产品的质量安全水平有保障，生产技术操作规范，比较容易获得“三品一标”（无公害农产品、绿色食品、有机食品、农产品地理标志）认定（认证、登记），基本能够实现订单生产和品牌销售。

（4）满足产地准出和市场准入制度要求 农业标准化生产需要健全农产品生产档案记录，按标准进行包装标识，基本实现了农产品质量安全可追溯，因此较易满足产地准出和市场准入制度的相关要求。

Q19 开展农业标准化生产的步骤是什么？

（1）策划 进行策划前需要收集相关信息和进行市场调查，包括目标市场需求情况、社会经济环境、国家或行业相关政策等。通过策划确定合作社的发展目标和实施步骤。

（2）制定准则并定时修订 在标准制定过程中要特别注意与现行的国家、行业标准配套。

（3）准备阶段 加强领导小组的领导，成立相关机构和部门，制定工作规程和相关指导手册，购买所需设备、仪器和农业生产资料。

（4）试点阶段 在农业标准全面实施前，可根据需要选择有代表性的地区和单位进行试验，积累经验。

（5）全面实施阶段 试点成功后，可进入全面实施阶段。

（6）总结改进阶段 针对标准实施过程中所遇到的困难以及解决的方式进行总结，提出改进计划，落实改进措施。

案例 1

王金庄花椒专业合作社
——标准化示范区和农业规范认证

王金庄花椒专业合作社成立于1996年，现有社员656户，股金320万元，年销售花椒1300多吨，营业额5800多万元，直接为农民增收1000多万元。该社围绕花椒产业的发展，先后实施了全国供销总社花椒农业标准化示范区和花椒良好农业规范认证项目建设，大大提高了花椒的质量和产量。

案例 2

陵水雷丰芒果农民专业合作社
——合作社为农民提供标准化技术服务指导

陵水雷丰芒果农民专业合作社成立了农业技术服务队伍，由13位国内外专家和22位专业人员组成，与德国、西班牙的大学，以及中国科学院、中国农业大学、中国热带农业科学院等合作，在全省芒果产区建立15个驻点服务站、120个芒果监测点，为芒果全过程标准化种植管理提供技术服务。

产品优质增产增收，雷丰芒果农民合作社以“公司＋合作社＋农户＋标准化生产”模式，推行海南芒果标准化种植技术。

三亚天涯区梅村的520亩芒果园里，芒果树郁郁葱葱，考核组专家在树林里安放了环保灭虫灯，示范区严禁禁用药品流入，与3年前相比，农药用量平均下降30%左右。标准化生产全面提高了芒果种植技术水平，提高了产品质量和产量，增加了农民收入。按照标准化生产管理的果园，芒果品质好。

参考文献

[1] 陈桂金，陈晶，焦伯臣，等. 农民专业合作社知识读本 [M]. 北京：中国农业科学技术出版社，2013.

[2] 王正祥. 新型职业农民专业合作社 [M]. 北京：中国农业科学技术出版社，2014.

[3] 何忠伟，郑文堂，郝思思，等. 北京农民专业合作社发展模式研究 [M]. 北京：中国农业出版社，2016.

[4] 农业部. 农民专业合作社 100 问 [M]. 北京：中国农业出版社，2013.

[5] 魏巍. 北京市农民专业合作社发展中的问题研究 [J]. 经济研究导刊，2014（6）：19–21.

[6] 李瑞芬. 农民专业合作社工作手册 [M]. 北京：金盾出版社，2013.

[7] 李世武. 家乐福超市：对参与“农超对接”的合作社不收取任何费用 [J]. 中国农民合作社，2011（8）：21.

[8] 沙德银. 上海高校后勤构建“农校对接”平台的实践与探索 [J]. 经济师，2015（1）：61–62.